Meine Freundin Annabel Lee

Mary MacLane

Writat

Diese Ausgabe erschien im Jahr 2024

ISBN: 9789359943176

Herausgegeben von
Writat
E-Mail: info@writat.com

Inhalt

I
DIE KOMMEN VON ANNABEL LEE

ABER die einzige Person in Boston, die mir den Schatz ihres Herzens, ihres Geistes und die Berührung ihrer schönen Hand in Freundschaft geschenkt hat, ist Annabel Lee.

Da ich in Boston keinerlei Freundschaft gesucht habe, kommt diese Freundschaft zu mir mit der Sanftheit von Sonnenschauern, vermischt mit Kirschblüten, und es liegt eine menschliche Qualität in der Luft, die vom bitteren Salzmeer aufsteigt.

Vor Jahren schrieb jemand ein Gedicht über Annabel Lee – vielleicht handelte es sich um eine andere Dame als diese, vielleicht aber auch um dieselbe –, und so sind dieses Gedicht und diese Dame nun immer in meiner Nähe.

Auch wenn Poe nicht diese Annabel Lee meinte, als er diesen bezaubernden Herzensschrei schrieb, werde ich jedenfalls immer diese Annabel Lee meinen, wenn mir Poes bezaubernder Herzensschrei in den Sinn kommt.

Wahrlich, Poes Annabel Lee war nicht so bezaubernd wie diese Annabel Lee.

Das denke ich, während ich zu ihrer anmutigen kleinen Gestalt aufblicke, die auf meinem Regal steht; zu ihrem wunderbar ausdrucksstarken kleinen Gesicht, ihren seltsamen weißen Händen, ihrem Haar, das zu glitzernden schwarzen Strängen gebunden und gedreht und eng um ihren Kopf gewickelt ist.

Wenn Sie sie sehen würden, würden Sie sagen, dass Annabel Lee nur eine sehr hübsche kleine schwarz-weiße Terrakotta-Statue einer Japanerin ist. Und damit würden Sie sich gewaltig irren.

Es stimmt, dass sie monatelang in einem extrem staubigen Lagerhaus in einem japanischen Laden in der Boylston Street gestanden hatte, bevor ich sie fand. Es stimmt auch, dass ich mich sofort in sie verliebte und sie gegen Zahlung einiger seltsamer Dollar an den Ladenbesitzer aus ihrer Umgebung rettete und sie dorthin trug, wo ich am Meer lebe – dem Meer, wo diese wunderbaren, breiten, grünen Wellen immer rollen, rollen, rollen. Annabel Lee hört diese Wellen, und ich höre sie, manchmal halten wir den Atem an und lauschen, bis unsere Augen vom Lauschen und von einer Art eindringlichem Schrecken angestrengt sind und das leise Rauschen bis in unsere beiden blassen Seelen dringt.

Denn obwohl meine Freundin Annabel Lee monatelang stumm und staubig in dem Laden in der Boylston Street lebte, als wäre sie tatsächlich nur eine

Porzellanstatue, und obwohl sie teuer erkauft worden war, ist meine Freundin Annabel Lee dennoch ein wunderbarer Mensch.

Es gibt Tage, an denen sie mein Leben mit sich selbst ausfüllt.

Sie löst mannigfaltige Emotionen aus, die keine Ruhe lassen.

Nicht ich habe sie Annabel Lee genannt. Das war schon immer ihr Name – das ist, wer sie ist. Es ist zwar kein japanischer Name – und sie ist ganz gewiss eine gebürtige Japanerin. Aber unter den unzähligen Namen, die es gibt, ist dieser der einzige, der zu ihr passt; und sie ist die einzige der unzähligen Mädchen auf der Welt, die ihn tragen darf.
Sie trägt es unvergleichlich.
Ich bin mit Annabel Lee befreundet, aber ihre Liebe ist etwas anderes.
Annabel Lee ist wie niemand, den Sie kennen. Sie ist ganz anders als alle anderen. Manchmal kann ich fast eine subtile, bewusste Liebe spüren, die von ihren Fingerspitzen zu meiner Stirn fließt. Und ich, mit einundzwanzig, bin begeistert von Nervenkitzel.
Wahrlich, mit einundzwanzig gibt es trotz Boston und allem noch Momente, in denen man mitfiebert.

Aber manchmal schaue ich auf und vielleicht begegnet ihr Blick meinem mit einem Blick, der kalt und durchdringend und verächtlich und verwirrend ist.

Manchmal schaue ich auf und sehe in ihren Augen Gleichgültigkeit, Ruhe und eine stumpfe, tödliche Stille.

Annabel Lee kam aus der Boylston Street in Boston. Und siehe da, sie war so bezaubernd, so faszinierend, so liebenswert, dass ich sie sofort anbetete; ich war fasziniert von ihr; ich liebte sie.

Ich liebe sie zärtlich. Warum, weiß ich nicht. Wie kann man erklären, wo die Liebe eines Menschen ruht?

Manchmal ist meine Freundin Annabel Lee negativ und manchmal positiv.

Manchmal, wenn meine Gedanken unendlich weit von ihr abgeschweift zu sein scheinen, wird mir plötzlich klar, dass sie es ist, die sie gefangen hält. Was auch immer ich in Boston oder in der Vision der weiten Welt sehe, mein Urteil darüber ist in gewisser Weise durch die Existenz meiner Freundin Annabel Lee voreingenommen – umso mehr, als es größtenteils unbewusste Voreingenommenheit ist.

Annabel Lee hat eine intensive Persönlichkeit – intensive Persönlichkeiten begegnet man hin und wieder, bei Kindern, Bulldoggen oder Menschen wie meiner Freundin Annabel Lee.

Und ich werde nie müde, Annabel Lee anzusehen, ich werde nie müde, ihr zuzuhören, und ich werde nie müde, an sie zu denken.

Und wenn ich an sie denke, werde ich wehmütig.

II
DIE FLACHEN OBERFLÄCHEN DER DINGE

„ Es gibt Momente“, sagte meine Freundin Annabel Lee, „in denen sie wohl oder übel alle an die Oberfläche der Dinge gelangen müssen.

„Sie blicken tief in das grüne Wasser, wenn die Sonne untergeht, und sind bedrückt. Ihr Herz schmerzt, und sie vergießen keine Tränen. Sie blicken über die strahlenden Wellen, wenn die Sonne aufgeht, und sie sind heiter gestimmt und genießen den Augenblick. Oder ihr Herz schmerzt beim Aufgang und sie sind heiter gestimmt beim Untergang. Aber sei es das eine oder das andere, es gibt langweilige Momente, in denen sie nichts als flache Oberflächen sehen. Wenn sie durch einen kleinen Zufall auf einmal feststellen, dass ihr Liebster ein verräterischer Freund ist, und sie bei Sonnenuntergang hingehen und tief in das grüne Wasser blicken, und alles ist dunkel und tot, wie es nur ein verräterischer Liebster sein kann, und ihre Stimmung ist sehr bedrückt – trotzdem gibt es einen langweiligen Moment, wenn ihr Magen ihnen sagt, dass sie hungrig sind, und sie hören auf ihn. Es ist die flache Oberfläche. Nach Wochen oder vielleicht Tagen, je nachdem, wer sie sind, wird ihre Stimmung nicht mehr bedrückt sein – aber trotzdem wird ihr Magen ihnen sagen, dass sie hungrig sind, und sie werden auf ihn hören. Wenn ihre Liebsten plötzlich aufhören zu existieren – das ist schlimm für sie, oh, außerordentlich schlimm; sie leiden, und es dauert Wochen, bis sie sich erholen, und die Wundmale verschwinden nie. Aber mit der ermutigenden Hilfe der Zeit erholen sie sich. Aber wenn“, sagte meine Freundin Annabel Lee, „ihr Magen aufhören sollte zu existieren, würden sie nicht nur leiden – sie würden sterben – und verwelken? Das ist eine glatte Oberfläche und die reine Wahrheit. Und wenn sie darüber nachdenken – für einen ausdruckslosen Moment –, lachen sie sanft und haben keinen Liebling mehr, ganz und gar; sie hören auf, ihre Adern mit rotem, rotem Leben zu füllen; sie werden wie Mäuse – Mäuse mit langen, dünnen Schwänzen.

„Für einen langweiligen Moment.

„Und außerdem ist dieser fade Moment lang genug, um ihnen ein erholsames, köstliches, aber unbewusstes Gefühl der Dankbarkeit zu vermitteln, dass die Dinge diese flachen Oberflächen haben und dass sie sich daher manchmal auf ihnen austoben können.

„Sie rollen auf den flachen Flächen, so wie ein Pferd auf der flachen Prärie rollt, wo der Wind weht.

„Und wenn sie sich zum ersten Mal verlieben und ihr Gürtel zu eng ist, wird ein langweiliger Moment kommen, in dem ihnen bewusst wird, dass ihr Gürtel so eng ist – und viel anderes wird ihnen nicht bewusst sein.

„In diesem langweiligen Moment lockern sie ihren Gürtel.

„Als sie acht oder neun Jahre alt waren und ein schönes, reifes, saftiges Pflaumenfeld fanden und während sie Pflaumen pflückten, plötzlich ein Ballon über ihren Köpfen erschien, war ihr erster wahnsinniger Impuls, alles hinter sich zu lassen und dem Ballon über Stock und Stein bis ans Ende der Welt zu folgen.

„Aber obwohl ein echter Ballon über ihre Köpfe hinwegflog, dachten sie darüber nach, dass *andere Kinder unsere Pflaumen, die wir gefunden hatten, bekommen würden* … Ein Ballon war herrlich – ein Ballon war göttlich –, aber trotzdem gab es einen faden Moment, in dem ihnen der Gedanke kam, dass ein paar bösartige, blonde schwedische Kinder von jenseits des Hügels sich auf die Pflaumen stürzen würden, und ihnen gerade noch rechtzeitig den Ballon zum Verhängnis wurde.

„Aber“, sagte meine Freundin Annabel Lee, „wenn man über den Ballon sprach, nachdem er am Himmel verschwunden war, kam ein weiterer langweiliger Moment, in dem die Pflaumen ihnen langweilig wurden – sie wurden völlig langweilig und erschienen ihnen hasserfüllt, weil sie ihnen die Freude verwehrt hatten, dem göttlichen Ballon zu folgen. Das ist ein weiterer Aspekt der flachen Oberflächen der Dinge. Und sie müssen alle wohl oder übel auf die flachen Oberflächen gelangen.

„Und“, sagte Annabel Lee und warf mir einen Blick zu, während meine Gedanken vage und wehmütig waren, „nicht nur sie müssen auf die flachen Oberflächen der Dinge kommen, sondern auch Sie und ich müssen kommen, wohl oder übel.

„Und da wir ja wohl oder übel kommen *müssen* “, fügte die Dame hinzu, „warum bleiben wir dann nicht auf den flachen Flächen? Das erspart uns bestimmt die Mühe, das nächste Mal zu kommen. Aber vielleicht liegt es ja auch am Kommen.“

III
MEINE FREUNDIN ANNABEL LEE

MEINE FREUNDIN Annabel Lee fasziniert und verwirrt mich immer wieder.

So viel sie auch gibt, es gibt in ihr unendlich viel mehr zu bekommen.

Meine Beziehung zu ihr geht nie weiter und sie geht nie zurück. Sie führt nirgendwohin. Sie und ich bleiben inmitten unserer Situation stehen und schauen uns um. Und was wir beim Umherschauen sehen, ist alles und genug, um darüber nachzudenken.

Und in Anbetracht dessen schreibe ich darüber.

IV
BOSTON

GESTERN war die Dame in der liebenswürdigsten Stimmung und wir unterhielten uns – zufälligerweise über Boston.

„Gefällt dir Boston?“, fragte sie mich.

„Ja“, antwortete ich. „Boston gefällt mir. Es fasziniert mich.“

„Aber nicht lieber als Butte in Montana?“

„Oh nein“, sagte ich hastig. „Butte in Montana ist meine erste Liebe. Dort gibt es kahle Berge – die begleite ich immer. Boston liegt mir nicht im Geringsten, aber ich mag die Stadt sehr. Ich lebe gern hier.“

„Ich mag Boston – manchmal“, bemerkte Annabel Lee. „Hier am Meer ist es nicht ganz Boston. Es ist alles. Dieses Meer umspült bezaubernde violette Inseln und berührt die Küste Spaniens. Aber wenn man nur einen Moment lang den Blick davon abwenden kann, ist Boston eine schöne und interessante Sache.“

„Ich denke schon – aus mehreren Blickwinkeln“, stimmte ich zu.

„Erzähl mir, was dich an Boston interessiert“, sagte meine Freundin Annabel Lee.

„Da gibt es viele Dinge“, antwortete ich. „Ich habe unten am Kai von East Boston eine kleine Ecke gefunden, wo ich an kalten Tagen oft sitze. Die Sonne scheint hell und warm auf eine schmale Holzplattform zwischen zwei großen Fässern, und dort kann ich mich verstecken, aber ich kann die tobende Menge beobachten, während sie sich bewegt. Die Menge ist unten in East Boston sehr tobend. Und es mangelt mir nicht an Gesellschaft – manchmal wagen sich mutige, scharfzahnige Ratten auf den Boden unter mir. Sie können die tobende Menge nicht sehen, aber sie können den Sonnenschein genießen und zwischen dem Müll Mäuse jagen.

„Die Bewohner von East Boston – das sind die Armen, die wir immer bei uns haben. Sie sind nicht die Sanftmütigen, die Würdigen, die es verdienen. Sie sind die Teuflischen, die Schlechten – eins mit den Hafenratten, die Mäuse jagen. Abgesehen davon, dass die Ratten gelegentlich versuchen, ihr weiches, graues Fell zu reinigen, indem sie es mit ihren kleinen roten Zungen lecken; wohingegen die Armen – Aber warum sollten die Armen sich waschen? Sind sie nicht die Armen?

„Während ich mich zwischen meinen beiden großen Fässern ausruhe und dieses schaurige Schauspiel beobachte, denke ich: Es scheint eine ziemlich verzweifelte Sache zu sein, in Boston arm zu sein, denn Boston soll das am besten gewürzte Wissen haben und einen Klumpen Eis in seinem Herzen tragen. Zwischen meinen beiden Fässern in Ost-Boston habe ich die Menschheit gesehen, oh, so brutal, oh, so barbarisch, wie sie nur im fröhlichen England während der Herrschaft des guten alten Harry des Achten hätte sein können.——

„Und das ist dann sehr interessant."

„In der Tat ist es so", sagte meine Freundin Annabel Lee.

„Boston ist schön, sogar sehr schön. – Erzähl mir mehr."

„Und manchmal", sagte ich, „sitze ich auf einem der Fenstersitze im Treppenhaus der Stadtbibliothek. Und ich schaue auf die Wände. Ein Franzose mit einer erstaunlichen Fantasie und großer Fingerfertigkeit hat an diesen Wänden gearbeitet. Er hat dort die Embleme aller großen materiellen Dinge der Welt aus allen Zeitaltern gemalt. Und darüber hat er einen dünnen grauen Schleier jener Dinge gemalt, die nicht materiell sind, die aus keinem Zeitalter stammen, die bei uns sind, um uns herum, über uns – wie sie bei den Kindern Israels waren, bei den Bewohnern von Pompeji, bei den schönen Städten Griechenlands und deren Bewohnern.

„Ich habe mir die Gemälde angeschaut und war geblendet und hingerissen. Was gibt es nicht alles an diesen Wänden!

„Ich habe in Wahrheit ‚die Vision der Welt und all die Wunder, die es geben wird' gesehen."

„Ich habe das Ringen der Puppenseele und ihr Aufbrechen ins Licht gesehen; ich habe die Göttlichkeit gesehen, die manchmal die Erde umgibt; ich habe eine Vorstellung von Poesie betrachtet und die dünnen, rhythmischen Klänge von Schalmeien und Saiteninstrumenten gehört; und ich habe leise, wollüstige Musik aus dem Inneren des Tempels gehört – menschliche Stimmen wie süßen Jasmin; ich habe die faszinierende Abgötterei der Heiden gesehen – und ich habe, blass im Abendlicht eines Sterns, die hölzerne Gestalt des Kreuzes gesehen; ich habe mich über den Rand eines Abgrunds gelehnt und die Dinge aus alter Zeit betrachtet – die Armee Hannibals vor Karthago – die Nordmänner, die in Schiffen zur See fuhren – die vergeblichen, wilden Kämpfe der Goten und Vandalen; ich habe Wissenschaft und Kunst innerhalb der ummauerten Städte gesehen und ich habe zerbrechliche kleine Lämmer am Ufer des Baches herumtollen sehen; Ich habe Nachtschatten gesehen, die sich über okkulte Werke senkten, und ich habe Bienen gesehen, die an einem schönen Sommermorgen schwer beladen zu ihren Stöcken flogen. Ich habe eine Laute dort spielen hören, wo ein kleiner Wasserfall hinabspringt, und die Flöten des Pan sich mit den sprudelnden Tönen eines Rotkehlchens auf einer Minzwiese vermischten. Ich habe seitenweise gedruckte Zeilen gesehen, die von einem Ende der Welt zum anderen reichen. Ich habe tiefgründige Worte gesehen, die vor Jahrhunderten mit vielfarbiger Tinte geschrieben wurden. Ich habe die Wunder der Wissenschaft gesehen und war überwältigt von ihnen, die vor einer Art präzisen Wissens strotzten, das ich nie kennenlernen werde. Gleichzeitig habe ich die vollkommene Heiterkeit des Antlitzes der Welt gesehen, wie sie der Pinsel des Franzosen Chavannes zeigt .

„Und über allem die nebulöse Vorstellung des langen, unwissenden Schweigens.

„Was gibt es nicht alles an diesen wundervollen Mauern!

„Ich sitze halb bewusstlos auf dem kleinen Fensterplatz und all diese Dinge verschwimmen vor meinen beiden grauen Augen. Mein Geist ist erfüllt von der Vision murmelnden, pulsierenden Lebens.

„Aber was für ein Ding ist das Leben, wirklich – denn so wunderbar diese Bilder auch sind, die, die ich gesehen habe, wo die Ratten im Müll herumstöbern, sind noch wunderbarer."

„Wirklich", sagte meine Freundin Annabel Lee, „in Boston gibt es viel, viel. Erzähl mir mehr."

„Nun, und da ist der Südbahnhof", fuhr ich fort. „Oh, erst wenn man tausend Stunden an diesem Ort der Züge und der unterschiedlichsten Menschen herumgeschlendert und getrödelt hat, kann man alles darüber wissen, was man in seinen Warteräumen wirklich finden kann.

„Ich habe dort Massachusetts gefunden – nicht irgendein Massachusetts, von dem ich je gelesen hatte, sondern das Massachusetts, das aus Braintree, Plymouth und Middleboro kommt und eine Einkaufstasche aus Boston trägt; das Massachusetts, das intellektuell ist und seinen Zeigefinger durch den Henkel seiner Teetasse steckt; das Massachusetts, das Suppe mit der Spitze seines Löffels isst; das Massachusetts, das gutherzig ist, aber einen komischen Gang hat; das Massachusetts, das alle Kinder mitnimmt und für einen Tag nach Providence fährt – jedes der Kinder mit einer dicken, gelben Banane in der Hand; das Massachusetts, das existiert, weil die Welt Schuhe trägt – denn es ist intellektuell und kann Schuhe herstellen.

„Und im Südbahnhof sind außerdem Leute aus der weiten Welt zu sehen. Man sieht Schauspieler, Autoren und Künstler ein- und ausgehen und in den Warteräumen warten. Einige sehr nette und merkwürdige Personen haben in diesen Warteräumen gewartet, aber auch schmuddelige Italiener mit Perlenketten um den Hals.

„Und in der South Station gibt es so viele, viele Menschen, dass man hin und wieder einmal auf einige dieser kleinen Dinge trifft, auf die man seit Jahrhunderten gewartet hat. Inmitten einer Vielzahl von Gesichtern kann sich ein junges Gesicht mit Linien von müdem und lebhaftem Leben darin befinden, mit wachen und vielbeschäftigten Augen und weichem, mattem Haar darüber. Im Nu erkennt man es, und im Nu ist es verschwunden. Es ist ein Gesicht, das schöne Dinge bedeutet, und man kennt es und seine Göttlichkeit seit langer, langer Zeit. Und hier in der South Station in Boston bot sich der einzige goldene Blick darauf.

„Und ich habe in der South Station eine seltsame Szene gesehen: einen sanftmütigen Juden, der die Hauptlast der Betreuung seiner großen Familie kleiner Kinder zu tragen hatte, während die von den Kindern müde Mutter zum ersten Mal in ihrem Leben völlig ausruhen durfte, mit geschlossenen Augen und gefalteten Händen dasitzen konnte. Sie konnte sich in dem Gedanken entspannen, dass sie mit der Geburt dieser kleinen hebräischen Armee ihren Teil der Buße dieser zweifelhaften Welt geleistet hatte.

„Und in der South Station spürt man wie überall die Atmosphäre von Boston.

„Auch die Luft in Boston ist wunderbar – und sie ist nicht für alle frei zum Atmen. Sie ist für die Auserwählten – die anderen müssen sich mit der ungetrübten, geruchlosen Luft begnügen, die wild von den Berggipfeln und Nordseemeeren weht. Aber ich habe Augen, mit denen ich sehen kann – und da die Luft in Boston Farbe hat, kann ich sie sehen. Und ich habe Ohren, mit denen ich hören kann – und da die Luft in Boston musikalische Schwingungen hat, kann ich sie hören. Und ich habe Sensibilität – weshalb mir alles, was in der Luft von Boston scharf riecht, und alles, was fein ist, und alles, was Kunst ist, und alles, was schön ist, und alles, was wahr ist, und alles, was gütig ist, und insbesondere alles, was sehr kühl ist, und alles, was bitter verächtlich ist, nicht ganz entgeht.

„Wenn alle Leute, die am Südbahnhof hin und her gehen, Helden wären und dort die Luft atmen und ihre dunklen Schatten hinter sich lassen würden – wie sie es tun –, dann wäre der Südbahnhof vermutlich heiliger Boden. Sie sind nicht alle Helden, aber sie atmen die Luft und hinterlassen ihre dunklen Schatten, was auch immer diese sein mögen, und für immer ist die Luft des Südbahnhofs verunreinigt. Und da mehr als die Hälfte dieser Leute aus Boston sind, ist die Luft damit verunreinigt.

„Wenn Sie zivilisiert und konventionell sind, können Sie diese Luft kennen und atmen. Wenn nicht – nun, dann können Sie zumindest stehen bleiben und sie betrachten. Und man kann immer seine Zeit abwarten.

„Meine Betrachtung darüber hat mich interessiert.

„Die Atmosphäre Bostons ist eine Mischung aus sehr alten und sehr modernen Dingen und Denkweisen, die malerisch sind und manchmal zu etwas führen. Die alten Dinge gehen auf Konfuzius und andere seines

Schlages zurück – und die modernen sind von Lilian Whiting, Zeitungen und dem Theater geprägt.

„Man ist sich dessen halb bewusst, wenn man darüber nachdenkt, und denkt: ‚Weh mir, dass ich meine Wohnung unter den Zelten von Kedar habe!‘ Man ruft dies nicht so sehr aus, weil man sich für unwissend hält, sondern weil man ganz sicher ist, dass die Luft von Boston einen für unwissend hält. Natürlich sollte sie es wissen, aber irgendwie ist man noch zufrieden damit, seine Zeit abzuwarten.

„Aber ja. Die Luft Bostons ist von einer seligen Note erfüllt. Sie ist mit Rosa und Blau gefärbt. Sie klingt entfernt nach Glockenspiel und Flöten. Sie spüren es vielleicht, wenn Sie in der gedämpften, strahlenden Stille der Trinity Church sitzen – wenn Sie durch die grünen und goldenen Felder um Brookline und Cambridge spazieren, wo Orchideen ihre blassen, weichen Lippen emporheben – wenn Sie im Museum of Fine Arts sind und ein kleines, matt getöntes Bild an der Wand hängen sehen, das alt ist – so alt!

„Musik liegt in der Luft von Boston. Sie strömt ins Herz wie Feuer und Flut – sie weckt die Seele aus ihren Träumen – sie schickt den Menschen hinaus auf die bunten Pfade, um zu sehen, vielleicht zu leiden – ja, sicherlich zu leiden – aber zu leben, oh, zu leben!

„Man kann im Nebel die schlanke, graue Gestalt der eigenen Seele sehen, die aufsteigt und geht, um sich mit all dem zu vermischen. Trotz der Wolken um sie herum weiß man, dass sie geht und dass es ihr gut geht. Es wurde vor langer Zeit gesagt: ‚Meine Geliebte ist in ihren Garten hinabgegangen, zu den Gewürzbeeten, um in den Gärten zu weiden und Lilien zu pflücken.‘ Und jetzt ist die Geliebte wieder im Garten, und in diesen Augenblicken, oh, ist das Leben schön“——

Meine Freundin Annabel Lee öffnete ihre Lippen – ihre Lippen wie feuchte, rote Quittenblüten im Frühling – und erzählte mir, dass es Zeiten gab, in denen ich sie interessierte, Zeiten, in denen ich sie gewaltig amüsierte, und Zeiten, in denen sie in mir einige seltene Entdeckungen machte.

Doch wer von den Dreien diesmal der Richtige war, hat sie nicht verraten.

V
EIN KLEINES HAUS AUF DEM LAND

ABER Boston – oder selbst Butte in Montana – ist nicht mit einer Unterkunft weit unten auf dem Land zu vergleichen: ein kleines Haus am Rande eines fischreichen, moosigen Teichs im Sommer, mit der heißen Sonne auf der Türschwelle und einem Weidenbüschel und einer Eiche in der Nähe; auf der Seite des Hauses, wo die Sonne morgens hell scheint, ein paar kleine quadratische Beete mit Radieschen und blassgrünen Salatköpfen und geraden, ordentlichen Reihen junger Zwiebeln, wobei die feuchte Erde zwischen den Reihen schwarz hervorsticht; und ein paar grüne Erbsen wachsen neben einem kleinen Zaun; und auf der anderen Seite des kleinen Hauses wächst Gras – hohes, üppiges Gras und einige robuste Unkräuter, und vielleicht taucht unversehens ein oder zwei Tigerlilien auf. Der fischreiche Teich wird nicht zu nah am Haus sein, aber auch nicht zu weit weg – aber nah genug, damit das Singen der Frösche in der Nacht klar und laut ertönt.

In der Ferne liegen sanfte, grüne Hügel, auf denen im Schatten tief hängender Äste das Vieh umherwandert und grast. An ruhigen Nachmittagen hört man im Wald den Ruf einer Wachtel oder eines Fasans.

Die Luft, die über die sanften Hochebenen weht, wird sehr süß sein. Die Botschaft, die sie überbringt, wenn sie meine Wangen, meine Lippen und meine Stirn berührt, wird die eines überaus tiefen Friedens sein.

Ich würde in dem kleinen Haus mit einem Freund meines Herzens leben – einem Freund in den Schatten, im Halbdunkel und im Glanz. Denn wenn die Herzen zweier im Einklang sind, kann die Harmonie von exquisitem Tenor sein.

Am frühen Morgen saß ich auf der Türschwelle, wo die Sonne schien, und blickte in die Ferne. Das Leben pulsierte in meinen Adern.

Ich kniete mitten am Vormittag in den Beeten mit Radieschen, jungen Zwiebeln und Salat, jätete das Unkraut und machte mir beide Hände mit den schwarzen Wurzeln schmutzig.

Mitten am Tag saß ich im Schatten, aber ich konnte sehen, wie das Sonnenlicht das strahlende Grün berührte, in der Nähe des Hauses und in der Ferne. Und ich konnte den Teich sehen, in dem Strahlen und Staubkörnchen funkelten.

Am späten Nachmittag wanderte ich mit meinem Herzensfreund durch die grünen Täler und über bewaldete Hügel, vorbei an Zäunen und bröckelnden

Steinmauern, bis wir einen Aussichtspunkt erreichten, von dem aus wir das Meer sehen konnten.

In der Nacht, wenn die Sonne untergegangen und die Erde abgekühlt war und sich das dunkle, dunkle Grau über alles gelegt hatte, saßen wir wieder auf der Türschwelle. Es war einsam dort, mit dem Geräusch der Frösche und der Nachtvögel – und es zirpte eine Grille. Wir sprachen in langem Schweigen ein oder zwei Worte miteinander.

Bald war es Mitternacht und wir fielen in tiefen Schlaf unter dem niedrigen, heißen Dach des kleinen Hauses.

Mit der toten Mitternacht vermischten sich Erinnerungen an den gerade vergangenen Tag. Im Schlaf schien es mir, als würde ich wieder über die Wiesen gehen, und das Grün der unzähligen Grashalme versetzte mich in ein seltsames Delirium – als sähe ich sie jetzt zum ersten Mal. Jeder kleine Grashalm hatte eine Stimme und rief: *Mary MacLane, oh, wir sind die Grashalme und wir sind hier! Wir sind die Grashalme, wir sind die Grashalme und wir sind hier!*

Und ja. Das wäre das Wunderbare – dass sie *hier wären* . Und würden die Bäume nicht Blätter haben? – Und würden nicht winzige blasse Blumen auf der Erde wachsen? – Und wäre der Himmel nicht über allem? Oh, der unaussprechliche Himmel!

Mitten in der Nacht verließ mich der Schlaf und ich erwachte in einer Vision aus Schönheit und Schrecken, mit Angst im Herzen, mit schrecklicher Angst im Herzen.

Dann dachte ich verzweifelt an die kleinen Radieschenbeete vor dem Fenster – wie alltäglich und befriedigend sie waren. Mit diesen Gedanken schlief ich wieder ein und erwachte im Sonnenschein.

„Sie würden nicht lange an so einem Ort bleiben“, sagte meine Freundin Annabel Lee.

Ich sah sie an.

„Seine Einfachheit und Wahrheit“, sagte meine Freundin Annabel Lee, „würde Ihnen tiefe Wunden zufügen, Sie geißeln und Sie hinaustreiben, als wären Sie tatsächlich ein Geldwechsler im Tempel.“

VI
Die halbbewusste Seele

ANNABEL LEE stützte ihre beiden Ellbogen auf die Rückenlehne eines kleinen Sandelholzstuhls und sah auf mich herab.

Wir betrachteten uns manchmal kühl, wie es Freunde tun.

„Du", sagte Annabel Lee, „hast eine halbbewusste Seele. Eine solche Seele, die, wenn sie eine Melodie hört, bis in die Tiefen der Musik hineinhören kann, aber nur die Hälfte ihrer Bedeutung verstehen kann; aber weil sie halbbewusst ist, weiß sie, dass sie nur die Hälfte versteht und um die andere Hälfte weinen muss; eine solche Seele, die, wenn sie ins tiefe Grün wandert und dort eine Schattenfrau mit langem, dunklem Haar und einer bezaubernden Stimme trifft, bis in ihre Tiefen den Geist des Grüns und die Stimme der Schattenfrau spürt, aber nur die Hälfte von dem verstehen kann, was sie erzählen: aber weil sie halbbewusst ist, weiß sie, dass sie nur die Hälfte versteht und um die andere Hälfte weinen muss; eine solche Seele, die, wenn sie gefesselt und schwer gefesselt ist, zwar weiß, da sie halbbewusst ist, dass sie gefesselt und gefesselt ist, aber nicht weiß, warum oder weshalb, noch ob es ihr gut geht, was die andere Hälfte ist – und sie muss darum weinen; eine solche Seele, die aus dem Schlaf erwacht und lauscht, wenn sie Donner im wilden Himmel hört – lauscht, aber da sie nur bei Halbbewusstsein ist, kann sie nur hören, nicht wissen – und es klingt wie eine unbekannte Stimme in einer unbekannten Sprache, die die sterbenden Worte ihrer Liebsten nacherzählt – sie brennt darauf, die Übersetzung zu erfahren, die die andere Hälfte ist; eine solche Seele, die, wenn das Leben sich von ihr weg sammelt und vor ihr steht und sagt: „Nun betrachte das Leben", sie blickt, da sie nur bei Halbbewusstsein ist, aber aus demselben Grund strengt sie ihre Augen an, um über die Schultern des Lebens in die Dunkelheit zu blicken – was unmöglich ist, und die andere Hälfte; eine solche Seele, die, wenn sie sich in der Liebe zu ihrem Freund und allem verliert, alle Augenblicke genießt, oh, lebhaft, außer den entscheidenden Augenblicken, wenn sie vor Qual und Zweifel schmerzt – denn sie ist nur bei Halbbewusstsein und weiß daher, was ihr fehlt.

„Verlassenheit ist der Weg der halbbewussten Seele", sagte Annabel Lee.

„Die völlig bewusste Seele nimmt die Dinge in ihrer Gesamtheit in sich auf, ohne zu fragen oder sich zu wundern: Die halbbewusste Seele nimmt die Hälfte der Dinge auf, und im Wissen, dass es noch eine andere Hälfte gibt, wundert sie sich und fragt, bis alles schwarz ist.

„Die völlig bewusste Seele unterscheidet sich von der völlig unbewussten Seele dadurch, dass erstere positiv ist, während letztere negativ ist – und beide können in ihrer Natur Ruhe finden: aber die halbbewusste Seele weiß, dass sie halbbewusst ist, dennoch weiß sie nicht, an welchen Stellen sie bewusst und an welchen unbewusst ist – denn wenn sie sich für bewusst hält, siehe, ist sie unbewusst, und wenn sie sich für unbewusst hält, ist sie schwer und bitter bewusst – und nirgends kann sie Ruhe finden.

„Die völlig bewusste Seele hält sich einen Spiegel vor die Augen und betrachtet sich selbst, ihre Farbe, ihre Beschaffenheit, ihre Qualität, ihre Wünsche und Motive, ohne mit der Wimper zu zucken, im hellen Tageslicht; die völlig unbewusste Seele weiß nicht, dass sie eine Seele ist, und benutzt nie einen Spiegel: Aber die halbbewusste Seele schaut im grauen Licht der Dämmerung in ihren Spiegel – sie sieht ihre Farbe, ihre Beschaffenheit, ihre Qualität, ihre Wünsche – aber ihre Motive sind verborgen. Ihre Augen sind im grauen Licht weit aufgerissen, um zu erfahren, was diese, ihre eigenen Motive, sind. Sie kann es nicht wissen, aber sie kann nie ruhen, um zu versuchen, es zu wissen.

„Die vollkommen bewusste Seele kennt ihre Liebe, ihren Kummer, ihre Bitterkeit, ihre Reue.

„Die halbbewusste Seele kennt ihre Liebe – und fragt sich, warum sie liebt, und fragt sich, ob sie wirklich jemanden außer sich selbst lieben kann, und wundert sich, dass ihr Liebe etwas bedeutet; die halbbewusste Seele kennt ihren Kummer – und wundert sich, dass sie Kummer empfinden sollte, da sie die Wahrheit nicht begreifen kann; die halbbewusste Seele kennt ihre Bitterkeit und erkennt sofort ihr Recht und ihren Grund für die Bitterkeit – doch wenn sie daran denkt, dreht sich der Pfeil in die Wunde; die halbbewusste Seele kennt ihre Reue, ist aber überzeugt, dass sie kein Recht zur Reue hat, da sie ihre unwürdigen Taten mit unendlicher Voraussicht begeht.

„Die völlig bewusste Seele ist ein gezüchtigter Geist und hat daher ihr Maß an Glück; die völlig unbewusste Seele ist ein ungezüchteter Geist, denn sie verdient keine Züchtigung – noch hat sie irgendein Glück, denn sie weiß nicht, ob sie glücklich ist oder nicht: aber die halbbewusste Seele wird gezüchtigt, wo sie es nicht verdient, und bleibt ungezüchtigt, wo sie es reichlich verdient – und hat daher kein Glück, sondern stattdessen Unglück.

„Wehe der halbbewussten Seele", sagte Annabel Lee.

„Wie strahlend blitzt das smaragdgrüne Meer im Sonnenschein vor den Augen der halbbewussten Seele! – aber es brennt mit rasendem Feuer.

„Wie schmelzend süß ist der Duft der blauen Anemone für die Sinne der halbbewussten Seele! – aber er verbrennt sie mit rasendem Feuer.

„Wie schön sind die bronzenen Lichter in den Augen seines Freundes für die halbbewusste Seele! – die sie mit rasendem Feuer verbrennen.

„Wie freudig ist die halbbewusste Seele beim Klang singender Stimmen auf dem Wasser! – die sie mit rasendem Feuer verbrennen.

„Wie sicher gelangen die wilden, süßen Bedeutungen der Außenluft in die Tiefen der halbbewussten Seele! – aber verbrenne sie mit verrücktem Feuer.

„Wie wahnsinnig glücklich ist die halbbewusste Seele in stillen Stunden beim Anblick einer einsamen Kiefer auf dem Berggipfel! – die sie mit wahnsinnigem Feuer verbrennt.

„Wie zärtlich kommt die Wahrheit in den stillen Wachen der Nacht zu der halbbewussten Seele! – aber sie verbrennt sie mit rasendem Feuer.

„Das Leben ist lebendig, aufmerksam und erzählt der halbbewussten Seele etwas“, sagte Annabel Lee.

„Wenn Sie“, sagte Annabel Lee, „mit Ihrer halbbewussten Seele dort sitzen, wo die grauen Wellen bei Flut an die Ufermauer spülen, wenn Sie mit gesenktem Kopf und eiskalten Händen da sitzen und zuhören, dann glauben Sie, Ihr Leben zu verstehen – Sie glauben, seine Härte zu kennen – Sie glauben, die Grausamkeit ermessen zu können, die man Ihnen antun wird; aber Sie wissen es nicht. Sie wissen nur die Hälfte – Sie weinen um die andere Hälfte, auch wenn es Grauen ist.“

„Obwohl Sie nur zur Hälfte bei Bewusstsein sind und um die andere Hälfte weinen, wenn Sie mit gesenktem Kopf und eiskalten Händen da sitzen und lauschen, wo bei Flut die grauen Wellen an die Ufermauer schlagen, wissen Sie dennoch einiges über jedes einzelne der Dinge, die Sie umgeben.

„Wunderbar ist die Empfängnis einer halbbewussten Seele“, sagte Annabel Lee.——

Ich sah meine Freundin Annabel Lee scharf an. Hat sie mich geärgert? Hat sie mich ausgelacht? Denn sie ärgert mich und sie lacht mich aus. Und war sie bei einem dieser Zeitvertreibe dabei, bei all dem um eine halb bewusste Seele?

Aber auch hier ließ sie mich über ihre Gedanken im Unklaren, und es gibt keine Möglichkeit, es herauszufinden.

VII
DIE JUNGEN BÜCHER VON TROWBRIDGE

Unter ihnen allen gibt es zwei Schriftsteller, denen ich unzählige Stunden vollkommenen Vergnügens zu verdanken habe. Nicht das Vergnügen, das einen aufwühlt und anfeuert, sondern das Vergnügen, das die ganze Persönlichkeit durchdringt und einen gewöhnlichen, entspannten Geist zur Ruhe kommen lässt und befriedigt. Es ist dasselbe Vergnügen, das ich empfinde, wenn ich ganz allein esse – wenn ich mitten am Tag Pfirsiche und ein feines kleines Lammkotelett esse.

Einer dieser beiden Autoren ist J. T. Trowbridge, der Jugendbücher geschrieben hat.

Oft habe ich gedacht: Das Leben wäre anders, trüber und weniger mit Ringelblumen und Sahne bestreut, wenn ich meine Trowbridge nie gekannt hätte.

Oft habe ich dem glücklichen Schicksal gedankt, das mir mein erstes Jugendbuch von Trowbridge in die Hände legte. Es war, als ich vierzehn war – an einem Tag im Oktober, als ich in einer flachen, windigen Stadt namens Great Falls in Montana lebte. Seit dieser Zeit bin ich nie ohne die Jugendbücher von J. T. Trowbridge gewesen. Seitdem sind nur sieben Jahre vergangen, aber wenn weitere sieben Jahre und dann noch einmal sieben Jahre, bis zu sechzig, vergangen sind, werde ich immer noch die Hälfte meiner Ruhestunden, meiner Vergnügungsstunden, meiner locker-bequemen, ungezwungenen Stunden mit den Jugendbüchern von Trowbridge verbringen.

Wenn ich ins Theater gehe, genieße ich es sehr. Ein Theater ist eine gute Sache, und der Schauspieler ist eine umwerfende Person – aber wie eifrig und freudig komme ich in mein eigenes Zimmer zurück, wo ein treues, kleines, braunes Reh wartet, ganz mitleiderregend und süß, auf dem Schreibtisch.

Wenn ich zwei überfüllte Räume betrete, in denen sich faszinierende Personen aufhalten, von denen ich schon einmal gehört habe – Frauen in fein gearbeiteten Kleidern –, gefällt mir das auch, und ich hätte es mir nicht entgehen lassen. Doch wie ungemein erholsam und bezaubernd ist es, in mein eigenes Zimmer zurückzukommen, wo meine behagliche, ruhige Freundin in einem rostbraunen, schwarzen Flanellkleid dasitzt und wartet – und ihre Hände sind so weich und angenehm anzufassen.

Wenn ich literarische Goldschätze lese – sei es Vergil, Browning oder Kipling –, bin ich verzaubert und fasziniert. Ich staune über diese Menschen und wie sie schreiben können. Ich denke, wie wunderbar das Schreiben doch ist – aber wie gerne und dankbar kehre ich nach zwei oder drei Stunden zu diesen meinen Jugendbüchern von Trowbridge zurück.

Sie handeln von Leuten, die auf Bauernhöfen leben, und sie sind so geschrieben, dass man weiß, dass zwischen Weizenähren Rotwurzel wächst, die ausgemerzt werden muss, und dass die Bauernjungen morgens vor dem Frühstück und abends nach dem Abendessen die Kühe melken müssen. Denn in den Trowbridge-Büchern gibt es Abendessen – und es ist sogar verlockend und schmeckt gut.

Wenn die Jungs Seetang sammeln, um ihn an Land zu verteilen, und den Tag an der Küste verbringen, essen sie geröstete Maiskolben, kaltgekochte Eier, Brot mit Butter und drei Flaschen Fichtenbier – und wenn Sie die Trowbridge-Bücher wirklich kennen, können Sie davon mit wunderbarem Appetit essen.

Wenn ein schlanker sechzehnjähriger Junge auf der Suche nach dem Pferd seines Onkels ist, das ihm nachts gestohlen wurde (weil der Junge die Stalltür unverschlossen gelassen hatte), und zwar entlang hübscher Landstraßen und heiterer Bauernhöfe in Massachusetts – wenn Sie die Trowbridge-Bücher wirklich kennen –, dann ist der schlanke sechzehnjährige Junge nicht begieriger, das Pferd zu finden, als Sie. Als der Junge und der Leser sich zum ersten Mal auf die Suche nach dem Pferd machen, sind sie viel zu elend und begierig, um etwas zu essen – denn der mürrische Onkel hat ihnen gesagt, sie müssten nicht ohne das Pferd zum Bauernhof zurückkehren. Aber lange vor Mittag sind sie froh genug, dass sie ein paar doppelte Scheiben Butterbrot haben, die sie unterwegs essen können. Als sie schließlich auf dem Pferd, das zwanzig Meilen entfernt auf einem Jahrmarkt friedlich unter einem Viehstall weidet, antreffen, sind sie ziemlich hungrig und kaufen in ihrer Freude ein Stück Kuchen und ein paar Austerncracker, damit sie das Pferd beim Essen nicht aus den Augen verlieren müssen. Und der Leser – wenn er die Trowbridge-Bücher wirklich kennt – würde hier gern anhalten, denn es wartet Ärger auf ihn. Er würde es gern tun – aber er kann nicht. Er muss weitermachen – er muss sogar in entscheidenden Kontakt mit Eli Badgers Hickory-Keule kommen – er muss mit dem Jungen gehen, bis er ihn und das Pferd endlich sicher auf Onkel Grays Farm zurücksieht, das Pferd friedlich Hafer in seinem eigenen Stall mampft, der Junge wieder mit ungetrübtem Appetit zu Abend isst und der mürrische Onkel wieder gelassen ist. Und – wenn Sie Trowbridges Bücher kennen – können Sie auch in aller Ruhe essen.

Wenn ein Junge nach dem Tod seiner Tante allein auf der Welt zurückbleibt und sich aufmacht, seinen Onkel in Cincinnati zu finden – wenn Sie

Trowbridges Bücher kennen –, dann bereiten Sie sich auf Entbehrungen und Strapazen vor, aber immerhin auf gelegentliche Sandwiches und Donuts (aber nicht die fettige Sorte). Und Sie wissen immer, dass es im Haus des Onkels in Cincinnati einen Zufluchtsort geben muss. Nur – wenn Sie die Trowbridge-Bücher kennen – haben Sie Angst, wenn Sie an der Tür des Onkels ankommen, und Sie hätten es ein bisschen lieber, der Junge ginge hinein, um ihn zu treffen, während Sie draußen warten. Trowbridges Onkel sind oft so sauer im Herzen und so bitter auf der Zunge und so sarkastisch in ihren Bemerkungen über Jungen, die vom Land in die Stadt kommen, damit sie – die Onkel – das Privileg haben, sie zu unterstützen. Obwohl Sie wissen – wenn Sie die Trowbridge-Bücher kennen –, dass Trowbridges Jungen nie zu diesem Zweck in die Stadt kommen. Auch die übellaunigen Onkel werden bald darauf aufmerksam und ändern den Ton ihrer Bemerkungen entsprechend – und nach etwas berechtigtem Stolz seitens der Neffen geht alles gut. Woraufhin Ihr Gefühl der Befriedigung größer ist als das des Jungen, des Onkels, von Trowbridge selbst.

Aber diese gerösteten Maiskolben und kaltgekochten Eier gehören zu den weniger schönen Seiten von Trowbridges Jugendbüchern. Das Faszinierendste an ihnen sind die Gespräche. Sie sind so real, dass man die Stimmen hört und die Gesichtsausdrücke sieht.

Trowbridge ist einer von denen, die den Leuten beim Reden zweimal oder dreimal zuhören, sodass er den Grundton und die Einzelheiten hört, und seine Feder ist von der Art, dass er das, was er hört, aufschreiben kann. Es ist nie zu viel, nie zu wenig; es fällt überhaupt nicht auf, denn es ist alles Harmonie.

Das ist völlig und absolut üblich.

Und es ist real.

In den Jugendbüchern von Trowbridge und nirgendwo sonst habe ich Jungen miteinander reden hören, sodass ich wusste, wie ihre Gesichter aussahen und wie nachlässig und locker sie ihre verschiedenen Kragen und ihre fragwürdigen Hüte trugen. Ich habe einen habgierigen, mürrischen alten Mann mit seinem hornköpfigen Stock auf den Küchenboden hämmern hören – er war herübergekommen, als die Familie beim Frühstück saß, um ihnen mitzuteilen, dass ihr Hund fünf seiner Schafe getötet hatte, und um das Leben des Hundes zu fordern. Ich habe die Lektionen und andere Dinge gehört, die sie vor sechzig Jahren in einem Schulzimmer auf dem Land sagten, wo Jungen zur Strafe manchmal gezwungen waren, sich auf nichts gegen die Tür zu setzen. Ich habe die extreme Unzufriedenheit in der Stimme eines anderen mürrischen, habgierigen Bauern gehört, als ihm klar wurde, dass er ein Pferd hergeben musste, das ihm vor dem Kauf gestohlen worden war. Aber hier muss ich so genau wie möglich ohne das Buch zitieren:

„Und verkaufte ihn an diesen Mr. Badger‘ (sagte Kit) ‚für siebzig Dollar.‘

„Siebzig Dummköpfe!“, rief Onkel Gray entsetzt. „Ich glaube, jeder Dummkopf weiß, dass er mehr wert ist.“

„Er dachte an Brunlow, aber Eli bezog die Bemerkung auf sich selbst.

„‚Das wusste ich‘, knurrte er. ‚Deshalb habe ich ihn gekauft. Und jetzt bin ich mächtig froh, dass ich nicht mehr bezahlt habe.‘

„‚Sartin!‘, antwortete Onkel Gray. ‚Aber ist Ihnen nicht in den Sinn gekommen, dass kein ehrlicher Mann ein so ehrliches Pferd für eine solche Summe verkaufen würde?‘

„‚Das wusste ich nicht‘, sagte Eli mürrisch. ‚Er hat eine ganz ehrliche Geschichte erzählt. Ich bin reingelegt worden, das ist alles.‘

„‚Übernommen!‘, wiederholte Onkel Gray. ‚Ich würde sagen, übernommen! Ich kenne den Schurken und bin erstaunt, dass ihn kein Mensch mit gesundem Menschenverstand und Augen im Kopf sofort durchschaut hat.‘

„‚Vielleicht fehlt mir der gesunde Menschenverstand, und vielleicht habe ich keine Augen im Kopf‘, sagte Eli, und ein stumpfes Feuer flackerte an der Stelle, wo eigentlich Augen hätten sein sollen, wenn er welche gehabt hätte. ‚Aber das habe ich nicht erwartet.‘

„Kit beeilte sich, zwischen die beiden Männer zu treten.“

Es hat mir immer leidgetan, dass der Junge ausgerechnet hier dazwischenkam.

Ich habe das Buch bestimmt siebenundsiebzig Mal gelesen. Jedes Mal klingt mir dieses Gerede über das Pferd überaus beißend in den Ohren. Es ist unmöglich, Trowbridge überdrüssig zu werden, denn es ist weder beim Schreiben noch beim Lesen eine Anstrengung nötig, und es hat einen tiefgreifenden, nie versagenden Sinn für Humor.——

Wie flach klingen diese Worte!

Die Jugendbücher von Trowbridge lassen sich nicht in Worte fassen. Angesichts ihrer Einfachheit, ihrer Natürlichkeit, ihrer zarten Zärtlichkeit für alles Menschliche, ihrer seltenen, seltenen Alltäglichkeit, die so befriedigend und beruhigend ist wie die Vorstellung eines kleinen grünen Radieschenbeets, ihrer inneren Sympathie zwischen Trowbridge und seinen Figuren und vor allem ihrer inneren Sympathie für seine Leser, ihrer Wahrheit selbst und der süßen Gabe, die sonnigen Tage so darzustellen, wie sie sind – warum also von Trowbridge sprechen?

Steht da nicht alles geschrieben?

Kann man darin nicht lesen und sich ausruhen?

VIII
„GIB MIR DREI KÖRNER MAIS, MUTTER!“

„ NEIN “, sagte meine Freundin Annabel Lee, „ich kann nicht wirklich sagen, dass ich Trowbridge mag. Alles, was Sie gesagt haben, ist wahr genug, aber er interessiert mich nicht.“

„Was gefällt Ihnen an der Literatur?“, fragte ich und betrachtete sie interessiert, denn das hatte ich sie noch nie sagen hören. Es musste etwas sein, das ihr eigen war.

„Ich mag Stärke, ich mag Einfachheit, ich mag Emotionen, und ich mag immer lebenswichtige Dinge. Und ich mag Poesie mehr als Prosa. Gerade jetzt“, sagte Annabel Lee, „denke ich an ein altmodisches Stück Vers, das für mich alles ist, was ein Gedicht sein muss. Es geschrieben zu haben, bedeutet, in Sachen Schreiben genug getan zu haben, denn es ist echt – wie Ihr Trowbridge.“

„Oh, wiederholst du es für mich!“, sagte ich.

„Es heißt: ‚Gib mir drei Körner Mais, Mutter.‘ Es handelt von einer Hungersnot in Irland vor vielen Jahren – ein Junge und seine Mutter verhungerten.“

Und dann fuhr sie fort:

„Gib mir drei Körner Mais, Mutter,
gib mir drei Körner Mais,
sie werden das wenige Leben, das ich habe,
bis zum Morgengrauen erhalten.
Ich sterbe vor Hunger und Kälte, Mutter,
ich sterbe vor Hunger und Kälte,
und die Hälfte der Qual eines solchen Todes
haben meine Lippen nie erzählt.“

„Es hat wie ein Wolf an meinem Herzen genagt, Mutter,
Ein Wolf, der wild auf Blut ist,
Den ganzen lieben langen Tag und die ganze Nacht, nebenbei –
Nagend aus Mangel an Nahrung.
Ich träumte im Schlaf von Brot, Mutter,
Und der Anblick war himmlisch – Ich
erwachte mit gierigen, ausgehungerten Lippen,
Aber du hattest kein Brot für mich.

„Wie konnte ich mich an dich wenden, Mutter,
wie konnte ich mich an dich wenden,
um deinem hungernden Jungen Brot zu geben,
wenn du selbst auch hungertest?
Denn ich las den Hunger auf deiner Wange
und in deinen so wilden Augen,
und ich fühlte ihn in deiner knochigen Hand,
als du sie deinem Kind auflegtest.

„Die Königin hat Land und Gold, Mutter,
die Königin hat Land und Gold,
während du gezwungen bist, an deiner leeren Brust
ein Skelettbaby zu halten
– ein Baby, das vor Not stirbt, Mutter,
so wie ich jetzt sterbe,
mit einem grässlichen Blick in seinen eingefallenen Augen
und dem Hunger auf seiner Stirn.

„Was hat das arme Irland getan, Mutter,
was hat das arme Irland getan,
dass die Welt zusieht und uns sterben sieht, wie wir
einen nach dem anderen zugrunde gehen?
Kümmern sich die Männer Englands nicht, Mutter,
die großen Männer und die Hohen,
um die leidenden Söhne von Irlands Insel,
ob sie leben oder sterben?

„Hier gibt es viele tapfere Herzen, Mutter,
die vor Mangel und Kälte sterben,
während es auf der anderen Seite des Kanals, Mutter,
viele gibt, die im Gold rollen.
Dort gibt es große und stolze Männer, Mutter,
mit wundersamen Reichtümern,
und das Brot, das sie heute Nacht ihren Hunden zuwerfen,
würde mir und dir Leben bringen.

„Komm näher an meine Seite, Mutter,
komm näher an meine Seite
und halte mich liebevoll, wie du
meinen Vater gehalten hast, als er starb.
Schnell, denn ich kann dich nicht sehen, Mutter,
mir ist fast der Atem ausgegangen.

Mutter, liebe Mutter, bevor ich sterbe,
gib mir drei Körner Mais!"

„Was denkst du", sagte meine Freundin Annabel Lee, „ist es nicht voller Kraft, Poesie und Pathos?"

„Ja, es könnte an sich nicht besser sein", antwortete ich. „Und es ist so einfach."

„Und tut nichts vor", sagte Annabel Lee.

„Und wer hat es geschrieben?", fragte ich.

„Oh, eine vergessene Engländerin", sagte Annabel Lee. „Ich glaube, ihr Name war Edwards. Sie hat vielleicht ab und zu ein Gedicht geschrieben und ist gestorben."

„Und sind die Gedichte auch vergessen?", fragte ich.

„Ja, vergessen, außer von einigen wenigen. Aber wenn sie sich an sie erinnern, erinnern sie sich lange daran."

„Was ist dann besser: von den Massen in Erinnerung behalten zu werden und zwar kurz, oder von den Massen vergessen zu werden und sich nur ein oder zwei lange an einen zu erinnern?"

„Es ist unvergleichlich besser, wenn man lange von den ein oder zwei in Erinnerung behalten wird", sagte Annabel Lee. „Von irgendjemandem oder irgendetwas vergessen zu werden, das sich einst an einen erinnerte, ist sehr bitter für das Herz."

IX
VERWANDTE

„ Denken Sie, Annabel Lee“, sagte ich zu ihr an einem Tag, an dem ich deprimiert war, „dass alle Dinge im Grunde relativ sein müssen und dass die Dinge, die jetzt nicht im eigentlichen Sinne relativ sind, es schließlich werden, auch wenn es ihnen große Qualen bereitet?“

Das Gesicht von Annabel Lee war ruhig, und auch das Meer. Das eine blickte vom Felsvorsprung auf mich herab, das andere erstreckte sich in die Ferne.

Waren dieses Gesicht und dieses Meer verwandt? Das konnten sie sicher nicht, da diese beiden Dinge ihrer Natur nach unkontrolliert bleiben könnten. Geben universelle Gesetze in extremen Momenten nicht nach?

„Relativ!“, sagte Annabel Lee. „Nichts ist relativ. Ich sage dir, nichts ist relativ. Ich komme aus Japan. In Japan, als ich noch ganz neu in allem war, gab es eine hässliche Frau mit Froschaugen, die mich wusch und salbte und mich in Seide kleidete, während sie meine kleinen weißen Arme grausam kniff, so dass mein kleiner roter Mund sich vor Schmerz krümmte. Außerdem sah die Frau mit den Froschaugen mit ihren hässlichen Froschaugen in meine leidenden jungen Augen, so dass meine kleine junge Seele wie mit Brad-Nägeln gestoßen wurde. Die Frau mit den Froschaugen tat diese Dinge, um mir wehzutun – sie hasste mich, weil ich eines der sehr liebenswerten Geschöpfe in Japan war. Sie war ein niederträchtiger, hässlicher Schuft.

„Das war nicht relativ. Ich sage Ihnen, das war nicht relativ“, sagte Annabel Lee.

„Wenn ich ein ungeschicktes, übergroßes, blutleeres Tier gewesen wäre und diese Frau mit den Froschaugen meine kleinen weißen Arme gekniffen hätte, wäre *sie trotzdem* ein niederträchtiger, hässlicher Schuft gewesen.

„Wenn ich ein bösartiger Geist gewesen wäre und diese Frau mit den Froschaugen mit ihren hässlichen Froschaugen in meine bösartigen Augen geschaut hätte – dann wäre *sie trotzdem* ein niederträchtiger, hässlicher Schuft gewesen.

„Wenn ich ein abscheuliches kleines Ding gewesen wäre, statt einer sanftmütigen, sanftmütigen und den Armen gegenüber bemitleidenden Jungfrau, und diese froschäugige Frau mich aus tiefstem Froschherzen gehasst hätte – dann wäre *sie trotzdem* ein gemeiner, hässlicher Schurke gewesen.

„Wenn diese Frau mit den Froschaugen allein in Japan gestanden hätte und kein menschliches Wesen gehabt hätte, mit dem sie sich hätte vergleichen können, dann wäre sie trotzdem ein abscheuliches, hässliches Wesen gewesen.

„Sie hat ihren scheußlichen Froschfleck auf meiner schönen Seele hinterlassen. Nichts unter der angebeteten Sonne kann den scheußlichen Froschfleck jemals von meiner schönen Seele auslöschen. Tausend Flüche über die hässliche, froschäugige Frau", sagte Annabel Lee ruhig.

„Dann ist das zum einen nicht relativ", sagte ich. „Aber vielleicht liegt das an der Kraft und der Tiefe deiner Augen und deiner schönen Seele. Wo es keine Augen und keine schönen Seelen gibt – zumindest wo die Augen und die schönen Seelen nicht als sie selbst betrachtet werden können, sondern nur als Dinge ohne Lebensgefühl – sind die Dinge dann nicht relativ?"

„Nichts ist relativ", sagte Annabel Lee. „Wenn das prächtige Fell Ihres Hundes voller Flöhe ist und Sie Ihren Hund mit Ihren Händen streicheln, dann werden Sie bald viele Flöhe bekommen. Sie lieben den Hund, aber Sie lieben die Flöhe nicht. Sie verzeihen den Flöhen aus Liebe zum Hund, obwohl Sie sie trotzdem hassen. Das ist also nicht relativ. Wenn das relativ wäre, würden Sie die Flöhe aus demselben Grund ein wenig lieben, aus dem Sie ihnen vergeben: aus Liebe zu Ihrem Hund. Vergebung ist eine negative Eigenschaft und kann keinen Einfluss auf Ihre Einstellung gegenüber den Flöhen haben."

Nachdem sie dies gesagt hatte, blickte Annabel Lee ruhig über meinen Kopf hinweg auf das Meer.

Wenn sie in einer so ruhigen Stimmung ist, spricht sie anmutig, ausgeglichen und positiv und ist schön anzusehen.

Ich war jetzt völlig verwirrt über das Thema. Aber ich hatte das Gefühl, dass ich alles wissen musste, was Annabel Lee darüber dachte.

„Was würden Sie sagen, Annabel Lee", sagte ich, „zu einem Fall wie diesem: Wenn eine Seele mit allem, was sie berührt, mit allem, was Leben ausmacht, im Widerspruch stünde, so dass sie sich voller Bitterkeit durch die langen Nächte und langen Tage kämpfen müsste, liegt das dann nicht daran, dass die Seele keinen Sinn für Proportionen hat und sich nicht richtig auf alles und jedes bezogen hat, was ist? – Relativ, so dass, wenn etwas Hartes sie berührt, sie gleichzeitig etwas Weiches berührt; oder wenn sie um die vergangenen Tage trauert, sie sich gleichzeitig über die lebendigen freut; oder wenn ihr Liebster ihr eine tiefe Wunde zufügt, ihr gleichzeitig ihr schlimmster Feind lebhafte Freude bereitet."

„Nichts ist relativ", sagte Annabel Lee erneut. „Nichts kann relativ sein. Nichts muss relativ sein. Wenn eine Seele sich durch Tag- und Nachtkämpfe in kleine Stücke zermürbt, dann ist das eine Angelegenheit, die ausschließlich mit der Seele zu tun hat und mit nichts anderem, *nichts* anderem. Wenn eine Seele sich durch Kämpfen in kleine Stücke zermürbt, ist sie umso dümmer. Sie kämpft wegen Dingen, die ihretwegen niemals, *niemals* kämpfen würden. In Wahrheit würde sich nicht eines von ihnen auch nur einen Millionstel Zoll bewegen wegen so einer armseligen Sache wie einer Seele."

Ich betrachtete Annabel Lee, ihr Haar, ihre Hände und ihre Augen. Während ich hinsah, musste ich an das Wort „Ewigkeit" denken.

Der Mensch ist etwas ganz Wunderbares, wahrlich, und Großartiges, es gibt kein Größeres.

Annabel Lee ist eine Person, die immer die Wahrheit sagt, denn für sie gibt es nichts anderes zu sagen.

Sie hat diesen wunderbaren Punkt erreicht, an dem ein Mensch nichts mehr erwartet.

„Wenn die Tage eines Lebens, Annabel Lee", sagte ich, „durch zwei andere Leben, die ihm lieb sind, erhellt werden, und wenn dieses Leben einen Tag erlebt, an dem der Gedanke an die beiden, die es liebt, sein eigenes Herz wie Blei werden lässt, was kann es dann geben, um seine Müdigkeit zu lindern – oben im Himmel, unten auf der Erde oder in den Wassern unter der Erde?"

„Dummes Leben", sagte meine Freundin Annabel Lee. „In Japan gibt es keinen größeren Schmerz als den, den man empfindet, wenn man jemanden oder etwas liebt. Und wenn dieser Jemand oder dieses Etwas das Einzige ist, was das Leben sein Eigen nennen kann, dann wehe ihm. Es braucht drei Dinge: eine Unterkunft oben im Himmel; ein bisschen Härte unten auf der Erde; einen letzten Ausweg in den Wassern unter der Erde. Diese drei – aber kein Leben hat sie je gehabt."

„Wenn am Ende alle breiten Straßen zusammenkommen und alle schweren Herzen wachsam sind und wissen, was geschehen wird", sagte ich, „wird es dann nicht tatsächlich eine große Anpassung geben und das Leben und alles andere auf einmal wunderbar relativ werden?"

„Niemals. Das kann nicht sein. Nichts ist relativ", sagte Annabel Lee an einem Tag, an dem ich deprimiert war.

X
MINNIE MADDERN FISKE

HEUTE gingen meine Freundin Annabel Lee und ich ins Theater und sahen eine wundervolle und faszinierende Frau mit langem dunkelrotem Haar auf der Bühne.

Sie ist attraktiv, diese rothaarige Frau – hinreißend attraktiv. Und sie erinnert einen an vieles.

Annabel Lee interessierte sich sehr für die Schauspielerei und war von sich selbst entzückt – und ich auch.

„Glauben Sie, dass sie das Leben sehr schön findet?“, sagte ich zu meinem Freund.

„Ich glaube nicht“, antwortete mein Freund, „dass sie zu der Sorte gehört, die darüber nachdenkt, ob das Leben schön ist oder nicht. Wahrscheinlich ist ihre Arbeit hart genug, um sie von Unfug jeglicher Art fernzuhalten.“

Woraufhin wir beide darüber nachdachten, wie glücklich jene sein können, deren Arbeit hart genug ist, um sie vor Unfug jeglicher Art zu bewahren.

„Aber es muss doch einige Monate geben“, sagte ich, „vielleicht im Sommer, in denen sie nicht arbeitet. Ich habe gehört, dass manche Schauspieler sich Häuser in den Bergen mieten und zur Erholung ihre Hausarbeit selbst erledigen.“

„Ich“, sagte Annabel Lee, „kann mir diese Frau mit den roten Haaren nicht so recht vorstellen, wie sie zum Vergnügen Brot backt und Pfannen und Kessel schrubbt. Aber sehr wahrscheinlich fährt sie manchmal in den Urlaub aufs Land, und ich kann mir vorstellen, wie sie die verschiedenen kleinen, unterhaltsamen Dinge tut, die sich Prominente leisten können – wie barfuß durch einen schmalen Bach zu waten oder hoch und unbekümmert in einer Hängematte aus Fassdauben zu schaukeln.“

„Und da sie auf der Bühne so bezaubernd ist“, rief ich aus, „wie bezaubernd würde sie aussehen, wenn sie im Bach waten oder in der Hängematte aus Fassdauben schaukeln würde – sie mit den langen roten Haaren! Vielleicht wären ihre Haare sogar in zwei langen Zöpfen über ihren Rücken geflochten.“

Es ist ein Bild, das mich verfolgt – Mrs. Fiske mitten in ihrem Urlaub, wie sie kleine, angenehme Dinge tut.

„Natürlich", sagte meine Freundin Annabel Lee, „ *wissen wir nicht* , ob sie ihre Ferien nicht auf einer schönen, konventionellen, albernen Jacht oder in einem prächtigen, faden amerikanischen oder englischen Landhaus verbringt. Wir können ihr nur im Zweifel vertrauen."

„Ja, im Zweifel für den Angeklagten", antwortete ich.

Wie faszinierend war sie doch, mit ihrer Persönlichkeit, die mit der von Maria Magdalena verschmolz!

Die Magdalena ist kein schattenhaftes Ideal mehr mit einem etwas dralleren Körper, spärlich bekleidet, mit undeutlichem Haar und der leblosen Schönheit, die die alten Meister malen. Sie ist auch nicht ganz die Frau der Heiligen Schrift, die einem ohne jene Eigenschaft, die man Lokalkolorit nennt, vor Augen gestellt wird, und mit zu viel von der Eigenschaft, die bei den Frauen in den Heiligen Schriften immer vorhanden ist – etwas zwischen Unreinheit und endgültiger vollständiger Erlösung.

Nein, Maria Magdalena ist Mrs. Fiske, eine zierliche Frau in den letzten Zügen ihrer Jugend, mit zwei Schultern, die sich ungeduldig bewegen und unbeschreibliche Gefühle der Lebendigkeit ausdrücken, und zwei Lippen, die ihre Aufgabe erfüllen – nämlich die Worte, die aus ihnen herauskommen, zu färben, zu verzaubern, zu quälen, zu parfümieren und zu salben. Abgesehen von diesen Lippen hat Maria Magdalenas Gesicht ein wunderbar rundes und kindliches Aussehen, und ihre beiden runden Augen vermitteln auf den ersten Blick einen Eindruck von absoluter Unschuld. Im Gesicht der Magdalena – und in dem eines Schauspielers von Mrs. Fiskes Können – bilden diese einen wunderbar zarten Widerspruch.

Und meine Freundin Annabel Lee hat mir gesagt, dass die stärksten Dinge die subtilen Ungereimtheiten sind – die stärksten auf der ganzen Welt. Denn sie bringen einen zum Nachdenken – und wenn man nachdenkt, wartet man.

Wer könnte Maria Magdalena die Schuld geben, wenn sie solch ein Paar runder, unschuldiger, gräulicher Augen hatte?

In den späteren Akten des Stücks gehen diese Augen einen Schritt weiter als die Unschuld: Sie hungern und dürsten nach Gerechtigkeit. Und, ach, lieber Himmel (dachte man sich), wie gut sie das gemacht haben! Nach Gerechtigkeit zu hungern und zu dürsten – nicht sie selbst, sondern ihre Augen. Das war die Kunst dieser Maria Magdalena.

Diese Maria Magdalena, obwohl sie sich tatsächlich in den letzten Zügen ihrer Jugend befindet – ohne Rücksicht auf die Jahre, die sie vielleicht kennt – hat unter ihrem Kinn dennoch eine sehr bezaubernde Rundung des Fleisches, die eines Tages offensichtlich zu einem Doppelkinn werden wird. Gerade jetzt ist es bezaubernd. Es gibt weibliche Kinder im Alter von sieben und acht Jahren mit runden Gesichtern, die genau diese Fülle unter dem Kinn haben, und unter dem Kinn von Maria Magdalena – und zusammen mit ihren Augen – vermittelt es die Idee von Unschuld und Unerfahrenheit in einem selten guten Ausmaß. Jede andere Schauspielerin hätte diese Fülle längst wegmassiert. Wahrlich, vielleicht ist dies die einzige Schauspielerin, die so etwas mit Schönheit tragen könnte.

Maria Magdalenas tiefrotes Haar wirkt in den ersten Akten des Stücks verächtlich und aggressiv. In den späteren Akten nimmt es eine wunderbare Pathosität an. Und wenn man so will, steckt in rotem Haar eine Welt der Pathosität.

Hätte Maria Magdalenas Haar eine andere Farbe – wären die bronzenen Schatten gelb, grau, schwarz oder braun – gewesen, so wären ihre Lippen und Schultern vergeblich gewesen.

Auf der Bühne steht Maria Magdalena mit dem Rücken zum Publikum. Sie steht drei oder vier Minuten lang ruhig und gelassen vor dem Vorhang, der sich hebt und senkt, und gestattet allen, ihr rotes Haar zu bewundern und ihre Blicke daran zu weiden.

„Sie weiß", sagte meine Freundin Annabel Lee, „dass sie ihr Gesicht bezaubernd machen kann – und sie weiß auch, dass ihr Haar bezaubernd ist, ohne dass es so gemacht ist. Und sie möchte, dass auch die ganze Welt davon erfährt."

Sie hat Willenskraft, Maria Magdalena. Es ist ihr Wille, ihre Kraft, ihre Konzentration all ihrer Kraft auf sich selbst, die sie so bezaubernd macht – und die die Gehirne derer verführt, die ihr dabei zusehen, wie sie sich auf der Bühne bewegt.

Sie kontrolliert all ihre geistigen und körperlichen Merkmale mit metallischer Präzision – außer ihrem Haar, und das lässt sie unkontrolliert seine Arbeit verrichten. Und es macht seine Arbeit gut.

Sie hat die Beweglichkeit ihrer Lippen kultiviert, wahrscheinlich mit harter Arbeit und unendlicher Geduld – und sie macht sie mit Rouge feucht und glänzend. Sie reibt die weiche, dicke Haut ihres Gesichts mit Fettschichten ein. Sie belädt ihre beiden weißen Arme mit unendlich viel Puder. Und die beiden Kinderaugen sind, was Lid und Wimpern angeht, mit schwarzem Stift überaus schwer beladen. Man empfindet Ekel, wenn man sie durch ein Glas betrachtet. Ihre Stimme hatte ihr in den Tagen ihrer Jugend die Fähigkeit eingetrichtert, zu zittern und zu vibrieren und bei Gelegenheit außerordentlich zart zu werden, und jetzt gehorcht sie den Befehlen ihres Besitzers mit Fügsamkeit und Geschick. Da ihr Besitzer über Kraft und eine

Fähigkeit zur selbstsüchtigen Konzentration verfügt, ist die Stimme meist magnetisch und kalt und stark. Sie ist magnetisch und kalt und stark und verächtlich, wenn ihr Besitzer sagt: „Mein Fluch über dich!“ Wenn die Augen ihres Besitzers nach Gerechtigkeit hungern und dürsten, bringt die Stimme ein elendes, gequältes Gefühl in die Kehlen derer, die da sitzen und zuhören. Jede Emotion, die die Stimme verrät, wird an die verführten Gehirne der Zuhörer weitergeleitet. Die rothaarige Frau treibt ihr Publikum zu einigen quälenden Tonlagen an – während sie selbst im Schweiße ihres Angesichts höflich und kaltblütig ihren Lebensunterhalt verdient.

Wahrlich, das ist immer so.

Wären all der Spott und die Qual der rothaarigen Frau echt, würde das Publikum ungerührt dasitzen. Wären der Spott und die Qual der rothaarigen Frau echt, würden sie nach innen gerichtet sein – statt nach außen, zum Publikum – und das Publikum würde es nicht merken. Wären der Spott und die Qual der rothaarigen Frau echt, würden sie nicht echt wirken und wären sehr uninteressant. Und das ist sehr wahrscheinlich der Grund, warum der Spott und die Qual anderer rothaariger Frauen – und schwarzhaariger, braunhaariger, gelbhaariger, grauhaariger und hellhaariger Frauen, die nicht auf der Bühne arbeiten – so uninteressant und wirkungslos sind. Sie sind echt, und sie können sie nicht ausleben, also wirken sie nicht echt – und man muss kein Geld dafür bezahlen, um es zu sehen.

Damit es echt wirkt, müssen sie kaltblütig vorgehen, es aufarbeiten und Ihnen einen runden Preis dafür berechnen.

Maria Magdalena ist nicht hier, um dies zu tun, aber Frau Fiske nimmt ihren Platz ein und tut es für sie.

Sie macht das außerordentlich gut.

Könnte Maria Magdalena selbst – die Frau aus der Bibel – unter denen sein, die dort dasitzen und zuschauen, würde sie sicherlich staunen und bewundern.

Inzwischen habe ich selbst zwei Visionen dieser Maria Magdalena.

Einmal – in einem der Akte, in denen ihre Augen nach Gerechtigkeit hungern und dürsten –, als sie vor einem kleinen Tisch sitzt und ihre rührende, süße Stimme mit den Worten erhebt: „Wenn die Morgendämmerung anbricht und die Dunkelheit flieht“; und dann steht sie da und das rote Haar ist ebenso rührend und doppelt bezaubernd, und sie sagt wieder: „Wenn die Morgendämmerung anbricht und die Dunkelheit flieht.“ Und die andere Vision zeigt sie auf dem Land mitten an einem Sommertag unter einem

Sommerhimmel, hoch und unbekümmert in einer Hängematte aus Fassdauben schaukelnd.

XI
WIE EINE STEINMAUER

MEINE FREUNDIN Annabel Lee hat mir gesagt, dass mir noch Bittereres bevorsteht, als ich bisher wusste.

Manchmal habe ich mich gefragt, was sie sein könnten.

„Wenn Sie zu ihnen gekommen sind", sagte meine Freundin Annabel Lee, „werden sie so bitter sein und so gut in Ihr Leben passen, dass Sie sich wundern werden, dass Sie nicht immer von ihnen wussten, und Sie werden sich fragen, warum Sie sie nicht immer hatten."

„Die bittersten Dinge, die ich bisher erlebt habe", sagte ich, „hatten mit den wechselnden Freundschaften mit dem einen oder anderen Menschen zu tun, den ich geliebt habe."

„Variable Freundschaft?", sagte Annabel Lee. „Aber Freundschaft variiert nicht."

„Nein, das stimmt", erwiderte ich. „Ich meine die verschiedenen Täuschungen, die ich von manchen Menschen erfahren habe, die ich geliebt habe."

„Mit der Zeit", sagte meine Freundin Annabel Lee, „wirst du mehr lieben, und deine Täuschungen werden plötzlich bitterer. Es wird eine bereichernde Erfahrung sein."

„Warum reich?", fragte ich.

„Denn daraus", sagte meine Freundin Annabel Lee, „lernst du, nicht zu viel zu sehen, nicht mit Glauben zu beginnen, sondern die Güter, die die Götter dir geben, anzunehmen und dich zu bemühen, dafür dankbar zu sein. Deine anderen Erfahrungen waren in dieser Hinsicht arm. Sie hinterlassen einen Hoffnungsschimmer, ohne den es dir besser gehen würde. Sie sind arm und bitter. Was kommt, wird reich und bitterer sein. Ihre Bitterkeit wird dich daran hindern, ihren Reichtum zu schätzen – bis vielleicht Jahre vergangen sind und sie dir aus der unmittelbaren Nähe genommen haben. Sobald sie dort sind, wo du sie nicht sehen kannst, kannst du sie betrachten und ihren Reichtum schätzen."

„Was immer sie auch sein mögen", antwortete ich, „ich glaube nicht, dass ich jemals in der Lage sein werde, ihren Reichtum zu würdigen."

„Dann werden Sie sehr undankbar sein", sagte meine Freundin Annabel Lee.

Ich sah sie eindringlich an – und sie sah zurück. Es gibt Momente, in denen meine Freundin Annabel Lee wie eine Steinmauer ist.

„Ja“, sagte meine Freundin Annabel Lee, „wenn Sie jemals das Gefühl haben, für die guten Dinge in diesem Leben angemessen dankbar sein zu müssen, dann achten Sie darauf, dass Sie Ihre Dankbarkeit für die richtigen Dinge ausdrücken. Sehr wahrscheinlich werden Sie nicht viel Dankbarkeit empfinden , und Sie dürfen nichts davon verschwenden – aber was Sie haben, wird von allerbester Qualität sein. Denn es wird sich ansammeln, und die Ansammlung wird sich ganz in Qualität niederschlagen. Und die Dinge, für die Sie dankbar sein sollten, sind die Bitterkeiten, die Sie kennen. Wenn Sie jemals daran gedacht haben, in Dankbarkeitsausbrüchen für diese Luft nachzugeben, die vom salzigen Meer herüberweht, für diese Reihe von Perlen und Veilchen, die Sie knapp über dem Horizont sehen, für die Gesundheit Ihres Körpers, für den Schlaf, der Sie am Ende des Tages überkommt, für irgendeines dieser Dinge, dann verwerfen Sie diese Idee sofort. Diese Dinge sind ganz gut, aber sie werden Ihnen nicht wirklich gegeben. Sie werden lediglich dort platziert, wo jeder sie mit wenig Aufwand erreichen kann. Den gütigen Schicksalen ist es egal, ob Sie sie bekommen oder nicht. Ihre Verantwortung endet, wenn sie sie dort zurücklassen. Aber die Bitterkeit geben sie jedem einzeln. Sie geben dir deine, Mary MacLane, ganz für dich allein. Sag nicht, *sie* denken nie an dich.“

„Ich habe nicht die Absicht, es zu sagen“, sagte ich.

„Sie werden feststellen“, sagte meine Freundin Annabel Lee – ohne meine Unterbrechung zu bemerken und mit einem merkwürdigen Ausdruck in ihrer Stimme und auf ihren beiden roten Lippen – „Sie werden feststellen, dass diese Bitterkeiten von Zeit zu Zeit in Ihrem Leben auftauchen, wie so viele Meilensteine. Als solche sind sie nützlich – denn natürlich möchten Sie ab und zu Messungen entlang des Weges vornehmen, um zu sehen, welche Fortschritte Sie gemacht haben. Auf einigen Abschnitten des Weges werden Sie feststellen, dass Ihre Fortschritte wunderbar sind. Wenn Sie anerkennend und dankbar sind, werden Sie am letzten Meilenstein, den Sie bisher erreicht haben, Ihren Dank gegenüber dem gütigen Schicksal zum Ausdruck bringen. Das heißt, nein –“, sagte meine Freundin Annabel Lee, „Sie werden dies nicht *am* Meilenstein tun, sondern nachdem Sie ihn passiert und um eine Ecke gebogen sind und ihn daher nicht sehen können, selbst wenn Sie zurückblicken.“

„Aber warum sollte ich gerade hier meine Dankbarkeit ausdrücken?“, fragte ich in einem Tonfall, der ziemlich leblos gewesen sein muss.

„Warum?“, wiederholte meine Freundin Annabel Lee. „Weil Sie durch diese Meilensteine an Kraft gewonnen haben; weil Sie gelernt haben, alles gelassen hinzunehmen. Ich vermute, nach dem allerletzten Meilenstein könnten Sie mit gefalteten Händen dasitzen, selbst wenn Ihnen ein Haus über den Ohren brennen würde!“

„Das muss tatsächlich ein Triumph sein“, sagte ich.

„Ein Triumph? – ein Sieg!“, sagte meine Freundin Annabel Lee – mit noch merkwürdigeren Ausdrücken. „Und die Siege sind nicht das, was diese Welt sieht“ – was mich an Dinge erinnerte, die ich vor vielen Jahren in der Sonntagsschule gehört habe. „Erinnern Sie sich an die Geschichte der zehn Jungfrauen? Wenn man die Geschichte wörtlich nimmt“, sagte meine Freundin Annabel Lee, „ist das Los der fünf törichten Jungfrauen viel glücklicher. Es war ein seltenes Maß an Bitterkeit für sie, als sie zu einer Zeit, als Öl benötigt wurde, kein Öl für ihre Lampen hatten. Sie gewannen unendlich mehr, als sie verloren. Und was die fünf klugen Jungfrauen betrifft – nun, *ich wäre unter keinen Umständen* eine von ihnen gewesen “, sagte meine Freundin Annabel Lee. „Stellen Sie sich die elenden, gemeinen, gedankenlosen, einfallslosen, selbstsüchtigen Naturen vor, die von der Einfachheit des Appells ‚Gib uns von deinem Öl, denn unsere Lampen sind erloschen.‘ ungerührt bleiben konnten. „Jetzt“, sagte meine Freundin Annabel Lee, „muss es für sie hundertmal bitterer sein, wenn sie daran denken, in die endlose Geschichte als Dämonen der Selbstsucht überliefert worden zu sein – und jetzt sind sie an einem Punkt angelangt, an dem sie ihre Bitterkeit vermutlich nicht mehr an Meilensteinen des Fortschritts messen können.“

„Also, ja“, sagte meine Freundin Annabel Lee, „was auch immer Sie in Ihrem Leben tun, denken Sie daran, Ihre Dankbarkeit für die Bitterkeiten, die Sie erfahren haben, aufzusparen – und denken Sie daran, dass das Bitterste noch vor *Ihnen* liegt.“

„Haben *Sie* , Annabel Lee“, fragte ich, „schon das Bitterste erlebt, was passieren kann – und können *Sie* mit gefalteten Händen inmitten eines brennenden Hauses sitzen?“

„Ich nicht!“, sagte meine Freundin Annabel Lee und lachte fröhlich.

Wieder sah ich sie eindringlich an – und sie erwiderte meinen Blick.

Sicherlich gibt es Zeiten, in denen meine Freundin Annabel Lee wie eine Steinmauer ist.

XII
SICH VERLIEBEN

„ Ich liebte wie verrückt“, sagte meine Freundin Annabel Lee. „Da kam einer aus dem Norden, der war dunkel und stark und mutig und voller Lebensfeuer. Mein ganzes kurzes Leben war im Sommer getaucht. Ich hatte meine dreizehn Jahre unter Kirschblüten auf einem hohen Hügel geträumt.

„Aber als dieser Mann aus dem Norden kam, öffnete ich meine beiden schwarzen Augen und die Welt wurde weiß – ein erlesenes, verzücktes, göttliches Weiß.

„Und danach war alles schwer grau.

„Abseits des hohen Hügels mit den Kirschblüten erstreckte sich eine Strecke roter, öder Wüste mit hoch aufragenden Felsen – und dahinter ein stilles, stilles Meer, das nur blau war.

„Links vom hohen Hügel der Kirschblüten war ein mit grünem Efeu bedeckter Berg – dunkelgrünes Efeu, das seine eigene grüne Form vor dem leuchtend gelben Himmel dahinter bildete. Grün und gelb, grün und gelb, grün und gelb, sagten der Himmel und der mit Efeu bedeckte Berg.

„Der hohe Hügel der Kirschblüten war mit allen Farben Japans gefärbt.

„Ich lebte dort mit Leuten – meiner Mutter und meinem Vater und einigen anderen – alle mit blassen Gesichtern und dunklen Augen.

„Aber einige von ihnen waren sehr hässlich.

„Dann kam einer aus dem Norden herunter, der war dunkel und stark und mutig und voller Lebensfeuer.

„Er war hässlich, aber sein Gesicht war perfekt.

„In dieses hier habe ich mich sofort verliebt. In Japan ist es einfach unglaublich, sich zu verlieben!

„Wo die rote, öde Wüste unter mir ausgebreitet lag, sah ich mannigfaltige Sanftheiten, wie die Brust einer Taube, wie die Augen eines Rehkitzes, wie geschmolzene Lilien, und die hoch aufragenden, düsteren Felsen waren die Heimat violetter Träume.

„Im tiefen Grün des Efeubebergs fand meine Seele bei Einbruch der Nacht Ruhe zwischen Geheimnis und Schatten. Sie wanderte dort in wunderbarem Frieden. Und die Kühle und Feuchtigkeit und das leise Gemurmel des Windes und der Nachtvögel übten eine aufwühlende, kraftvolle Wirkung auf sie aus. Auch die Stimmen aus längst vergangenen Zeiten kamen aus dem grünen, dunklen Efeu und aus den Spalten der grauen Steine darunter, und sie erzählten mir in der Stille wahre Dinge.

„Aus der Tiefe des leuchtend gelben Himmels – dem Gelb von poliertem Messing – kamen unzählige uralte Widersprüche. Und als ich darüber nachdachte, erschienen mir wundersame Paradoxien und Parallelen, die es zwischen den Kirschblüten nicht gegeben hatte. Ich sagte: Bin ich so verliebt, weil ich schwach bin oder weil ich stark bin? Denn ich sehe hier, dass es sowohl Schwäche als auch Stärke ist. Und ich sagte: Bin ich ich selbst, wenn ich das tue? Oder war ich es, der zwischen den Kirschblüten lebte? Ich sagte: Wer bin ich? Was bin ich?

„Unter allem war das blaue, weite Meer. Dieses Meer strömte einen weißen Nebel aus, der aufstieg und sich über die Erde ausbreitete. Ich wusste, dass ich ein für alle Mal verliebt war.

„Die Welt war weiß. Die Welt war schön. Die Welt war göttlich."

„Das Leben leuchtete aus dem Nebel, unsagbar in seinen zahllosen Möglichkeiten. Stimmen sprachen in meiner Nähe und unzählige Stimmen riefen mich aus der Ferne – sie klangen klar und schwach und unerträglich-weich und zart, und meine Seele antwortete ihnen mit ohrenbetäubender, freudiger stiller Musik.

„Er aus dem Norden, der dunkel und stark und mutig und voller Lebensfeuer war, kam an manchen Tagen zum hohen Hügel der Kirschblüten. Er sprach oft und über viele Dinge. Er sprach mit Leuten – mit meiner Mutter und meinem Vater und mit anderen. Und selten sprach er mit mir. Selten sah er mich an. Er war in der großen weiten Welt gewesen. Er kannte wundervolle Frauen und wundervolle Männer. Er war von allem berührt worden.

„Was war er für ein Mensch!

„Und ausgerechnet in Japan ist es ein Erlebnis, sich zu verlieben!

„Nach drei Tagen spürte mein Herz eine Verzückung, die es sich nie erträumt hatte. Es kannte die Geheimnisse und die Fülle.

„Nach drei Tagen nahm die Welt dieses göttliche Weiß an und war sieben Tage lang weiß.

„Und danach war alles schwer grau.

„Derjenige aus dem Norden ist in das Nordenland zurückgekehrt.

„Ausgerechnet in Japan ist es so schön, sich zu verlieben!

„Ich war nicht in diesen verliebt, weil er ein Mann war oder weil er seltsam und faszinierend war – sondern weil er ein wunderbarer Mensch war.

„Mein Herz war nicht darauf gerichtet, diesen zu heiraten. Heiraten und Verheiraten sind für diejenigen, die unbewusst lieben.

„Diesen aus dem Norden zu sehen – seine Stimme zu hören – das war für mich alles und jedes Leben – alles und jedes Leben.

„Aber er war weg.

„Er hinterließ Stille und Müdigkeit.

„Diese kamen und verdrängten das Weiße aus meinem Herzen und fanden dort selbst Unterkunft.

„Und alles war schwer grau.

„Das Bild des Lebens und des Mysteriums und Schattens, das sich mir offenbarte, als die Welt noch weiß war, ist nie verschwunden. Es hat mich in den Tagen meiner Jugend mit einem alten Schrecken erfüllt.

„Ausgerechnet in Japan ist es so schön, sich zu verlieben!

„Sich verlieben!“, sagte meine Freundin Annabel Lee, während ihre beiden Augen und ihre beiden weißen Hände in ihrem Ausdruck und ihrer Haltung etwas verrieten, dessen Anblick herzzerreißend ist.

XIII
ALS ICH AUF DIE BUTTE HIGH SCHOOL GING

„ Es gab eine Zeit“, sagte ich zu meiner Freundin Annabel Lee, „als ich die Butte High School besuchte. Ich denke heute mit gemischten Gefühlen daran zurück.“

„Damals warst du jünger“, sagte meine Freundin Annabel Lee.

„Ich war jünger, und damals betrachtete ich das Leben noch als etwas, das sich mir eines Tages weit öffnen und mir wunderbare und schöne Dinge offenbaren würde. Und in der Zwischenzeit ging ich jeden Tag zur Butte High School. Ich fand es ein sehr interessanter Ort – viel interessanter, als ich seitdem die weite Welt gefunden habe. Ich war sechzehn und siebzehn und achtzehn, und die Dinge waren nicht leuchtend bunt, und so machte ich mit einer lebhaften Fantasie viel aus allem, was mir in den Weg kam.“

„Und was machst du jetzt, wo du einundzwanzig bist?“, sagte meine Freundin Annabel Lee.

„Ich sitze ruhig da“, antwortete ich, „und wünsche mir nichts und warte nicht – und blicke mit gemischten Gefühlen auf die Tage in der Butte High School zurück.“

„Auch unbewusst“, sagte meine Freundin Annabel Lee, „denkst du immer noch über Dinge nach, die sich eines Tages auf wundersame Weise für dich öffnen werden. Aber egal“, fügte sie hastig hinzu, als ich gerade etwas sagen wollte, „erzähl mir von der Butte High School.“

„Es war ein Ort“, sagte ich, „an dem viele interessante Phänomene zusammenkamen, und an dem ich Vergil studierte, es mochte und gut darin war; und an dem ich Geometrie studierte, es mochte und von Tag zu Tag weniger darüber wusste; und ich studierte immer genau die Leute, die ich täglich in der Butte High School traf. Ich erinnere mich sehr genau an jedes Mitglied der Klasse von 99. Meine Erinnerung zaubert mir einige seltsame und fantastische Visionen vor malerischen Hintergründen hervor, die mein Gefühl für feine Unstimmigkeiten ansprechen, besonders, wenn man sie in diesem Licht und aus dieser Entfernung betrachtet.“

„Was sind einige davon?“, sagte meine Freundin Annabel Lee.

„Da ist eine“, sagte ich, „von einem Mädchen, das ich in Gedanken immer ‚The Shad‘ nannte, weil sie so langweilig, so eintönig und so schweigsam war – und sie hatte die unangenehme Angewohnheit, mich zu bitten, ihr Lateinübungen zu schreiben, was vielleicht weniger einem Shad als vielmehr einem Menschen glich; und da ist eine von einem Mädchen, das die vielen Stunden des Tages damit verbrachte, lange, lange Briefe an ihren Liebsten zu schreiben, aber schmerzlich wenig über den Unterricht im Klassenzimmer wusste; und da ist eine von einem Mädchen, das jeden Tag eine kleine Flasche Whisky in die Schule mitbrachte, um ihre nächtlichen Stunden aufzuheitern – sie wurde vom Französischlehrer täglich wegen ihres außerordentlich schlechten Französisch zurückgerufen und das Leben wäre für sie langweilig gewesen, wäre da nicht der scharfe Inhalt der Flasche gewesen; Da ist die Geschichte eines seltsam aussehenden Mädchens mit gelbbraunem Haar, das in meinem letzten Schuljahr im Aula-Raum mir gegenüber im schmalen Gang saß und auf ihrem Pult ordentlich die Werke (sie nannte sie Werke) von Albert Ross aufgestapelt hatte – und nachdem sie sie gelesen hatte, beugte sie sich sehr freundlich herüber und wiederholte die Geschichten mit wörtlichen Zitaten zu meinem Nutzen. – Ihr Ruf in den Klassen war nicht gerade glänzend, aber in Albert Ross war sie gründlich. Da ist die Geschichte eines klugen, hübschen Mädchens, das boshaft war – ausgesprochen boshaft in all ihrem Verhalten und Tun, und scheinbar kam ihr kein Gedanke in den Kopf, der nicht davon geprägt war. – Sie war boshaft in Algebra, boshaft in Literatur, boshaft in Alter Geschichte, boshaft in Sport, boshaft beim Verfassen kurzer Aufsätze – und wenn es geschah, dass ich bei einem Vortrag einen Fehler machte oder dumm war, sah sie zu mir auf und lächelte sehr süß und boshaft. Und da ist die Geschichte eines Mädchens, dessen seltsame und redselige Gotteslästerung mich noch immer verfolgt. Und ich habe vor allem ein Bild von ihnen allen an unserem Abschlusstag in Erinnerung, wie sie alle ein schönes weißes, zusammengerolltes und ordentlich mit den Klassenfarben zusammengebundenes Diplom erhielten – ein Bild von ihnen und den anderen – wir waren insgesamt neunundfünfzig. Und die Diplome erklärten stillschweigend in tief vertieften Buchstaben, dass wir alle vier Jahre brav gewesen waren und alle Anforderungen der Butte High School erfüllt hatten. Das hatten wir zweifellos – aber wie viele Dinge hatten manche von uns geleistet, für die wir in unseren Diplomen keine Anerkennung erhielten! In Wahrheit wurde in ihnen in tief vertieften Buchstaben nichts über Kurse in Liebesbriefen, Gotteslästerung oder Bosheit erwähnt, und Albert Ross stand nicht auf dem Lehrplan.

„Und der Präsident des Schulrats verteilte an einem verregneten Junitag diese Diplome, jeweils mit einer kurzen, festgelegten Ansprache – aber er war sich nicht bewusst, wie unbedeutend sie waren.

„Und in meinem Kopf sehe ich auch zwei, mit denen ich in unserem letzten Jahr an der High School, an Samstagen und anderen Tagen, an denen keine Schule war, so genannte Landstreicher mitnahm – weit weg von Butte, weit weg. Ich erinnere mich sehr gut an diese beiden und diese Landstreicher – und ich kann mir nicht vorstellen, dass die beiden selbst es vergessen haben, nachdem erst vier Jahre vergangen sind. Eine von ihnen war eine Person, deren Art ich seitdem nicht mehr gekannt habe. Sie erinnerte mich manchmal an Kleopatra und manchmal an Peg von Limmavaddy. Sie war irischer Abstammung und hatte eine lange schwarze Mähne, die hinten nach unten geflochten war, und zwei wachsame und grelle Augen von der Art, die als irisches Blau bekannt ist. Sie hatte genug Verstand in ihrem Kopf, aber sie lernte nicht übermäßig viel. Ihre Art, durchs Leben zu gehen, war oft sehr zweifelhaft. Sie wog sehr viele Pfunde. Sie hatte große Erfahrung in der Welt und für mich war sie faszinierend. Was mich betrifft, hatte sie immer ziemliche Angst vor mir – so große Angst, dass sie lachen musste, wenn ich etwas Lustiges sagte – mit einer erzwungenen und erfundenen Fröhlichkeit; wenn ich ihr sagte, sie habe keine Seele, musste sie mir katholisch zustimmen, obwohl sie eine gute Katholikin war; wenn ich sie missbilligte, schauderte sie und schwieg. Für diese Wanderexpeditionen wurden phantasievolle Namen und Kleider ausgewählt (obwohl die Kleider dieser Dame in gewisser Weise immer phantasievoll waren). Der phantasievolle Name dieser hier war „Muddled Maud". Ich glaube, ohne besonderen Grund – aber sie trug ihn gut. Das andere Mitglied unseres Trios war von einem weniger außergewöhnlichen Typ. Sie war kräftig gebaut und wusste in einigen Dingen sehr viel. Sie war sehr gut in Geschichte und konnte zu Hause Kuchen und Torten und Brot backen. Es stimmt, dass ihr Kuchen manchmal stecken blieb und manchmal in der Mitte einsackte, und wenn sie ein Huhn tranchierte, traf sie nicht immer die Fugen. Und sie war eine von denen, die Bild immer „Pitcher" aussprechen. Sie war auch als sehr vernünftiges Mädchen bekannt. Ich kann sie mir jetzt noch mit einem lila Band um den Hals und einem braunen Regenmantel vorstellen, wie sie an einem regnerischen Morgen in die High School kommt. Wenn wir wandern gingen, trug sie normalerweise ein riesiges grauweißes Mother-Hubbard-Kleid mit Gürtel in der Taille und einen breiten flachen Hut, der sie eher wie einen Giftpilz aussehen ließ. Ihr phantasievoller Name war Emanzipierte Eva. Emanzipiert war sie in der Tat. In der High School war sie würdevoll und gesetzt, aber auf unseren Wanderungen hüpfte sie oft wie ein junges Lamm und tollte und sprang dort unten auf dem Land herum.

„Sie, die Muddled Maud genannt wurde, hüpfte und sprang ebenfalls herum – und sie verkörperte stets meine Vorstellung des französischen Substantivs ‚*aufgeben*'.

„Außerdem bin ich damals weit unten auf dem Land herumgetollt und herumgetollt.

„Der phantasievolle Name, der für mich gewählt wurde, war Erfrischung Rosanna – und ich kann nicht sagen, warum. Aber man hielt es für einen guten Namen für eine Landstreicherin. Wir begannen diese Wanderungen um sechs Uhr morgens. Um fünf Uhr standen wir auf und zehn Minuten vor sechs traf ich Muddled Maud an der Ecke Washington und Quartz Street, unterhalb ihres Hauses. Zusammen gingen wir die East Park Street hinunter zum Haus von Emancipated Eva. Dann wanderten wir sieben oder acht Meilen weit in die freie Natur.

„Wir nahmen Sachen zum Essen mit – manchmal sehr viel und manchmal nur wenig. Manchmal hatte die verwirrte Maud nur eine merkwürdig aussehende Biskuitrolle dabei, und die befreite Eva war mit harten Rindfleischstücken beladen, und ich konnte nur einen Teller mit Karamellbonbons vorweisen. Aber manchmal gab es Törtchen und Fleischpasteten und Blätterteigtaschen, gefüllten Schinken und gefülltes Huhn und gefülltes Kalbfleisch und gefüllte Zunge und gefüllten Fisch verschiedener Art, und ein paar Flaschen nussbraunes Oktoberbier, und Sardinen *à l'huile* und grüne Oliven. Aber je mehr es gab, desto schwerer war es zu tragen. Manchmal jedoch trug die Muddled Maud vieles mit wenig Aufwand – sie schmückte sich mit dem Mittagessen –, trug ein langes Stück Wurst wie eine Kette um den Hals und auf ihrem Hut, der sicher mit Hutnadeln befestigt war, dicke gelbe Zitronen und zwei Bananen, die vorne gekreuzt waren wie die kleinen Gewehre auf einem Soldatenhut, und hier und da verstreut waren Trauben von Catawba-Trauben und hinten hingen Birnen an ihren kleinen Stielen.

„Der zu frühe Morgen verhinderte, dass die Einwohner von Butte alles sahen, und wir wagten uns erst wieder nach Hause, als die freundliche Dunkelheit eintrat.

„Das waren faszinierende Expeditionen – und wem gebührte der Ruhm? Mir gebührte der Ruhm. Ich war es, der sie erfand. Ich war es, der wusste, dass es keine gab, die für eine so heikle Absurdität so geeignet war wie die, die wir die verwirrte Maud nannten; und nach ihr gab es keine, die so geeignet war wie die Schöne, die Gutmütige, die Befreite; und zusammen mit ihnen beiden ich. Und ich führte sie hinaus und ich führte sie zurück und ich sagte, die Dinge sollten so und so sein, und sofort waren sie so und so. Und wir genossen es, und reine Luft war in unseren Lungen und Leben war in unseren Adern, denn wir waren beide erst achtzehn Jahre alt und voller Jugend. Aber am faszinierendsten war es, weil wir drei von drei sehr unterschiedlichen Lebensweisen und Denkweisen waren. Denn ich war nicht wie die befreite Eva und auch nicht wie die verwirrte Maud; und die befreite Eva war nicht wie ich und auch nicht wie die verwirrte Maud; und die verwirrte Maud war nicht wie die befreite Eva und auch nicht wie ich.

„Natürlich gab es einige Dinge an meinen Befehlen, die weder der eine noch der andere bezaubernd fand. Warum sollte der MacLane alle Befehle geben?, murrten sie untereinander, aber sie wagten nicht, offen zu rebellieren, also ging alles gut.

„Aber jetzt sind sie weg.

„Wir drei machten zusammen mit den neunundfünfzig anderen von den neunundneunzig die Butte High School ab, bekamen jeder ein schönes weißes Diplom und gingen unserer Wege.

„Sie, die wie Kleopatra und Peg von Limmavaddy war, unterrichtet, dem letzten zufolge, im Norden von Montana an einer Schule; und die Emanzipierte Eva ist seit langem nach Kalifornien gegangen, hat geheiratet und führt einen Haushalt; und was mich betrifft – ich bin hier, weit weg von Butte, mit Ihnen, Annabel Lee, da in der Zwischenzeit einige Dinge erledigt wurden.

„Aber obwohl die beiden weg sind, garantiere ich, dass sie es nicht vergessen haben. Sie haben weder die Butte High School vergessen, noch den Abschlussjahrgang 1999, noch die Landstreicher, mit denen wir unterwegs waren, noch ihren Tyrannen, mich.

„Und ich vermute, sie alle erinnern sich an ihre Butte High School – sie an die Liebesbriefe, sie an die Whiskyflasche, sie an die Schülerin von Albert Ross, sie an die Gotteslästerung, sie an die Bosheit, The Shad – und an all die neunundfünfzig, die jungen Frauen und die jungen Männer. Manche sind verheiratet, manche sind weggeflogen, manche sind erwachsen und anders geworden, manche liegen auf dem Friedhof, manche sind zur See gefahren."

„Aber wann immer ich Lust habe, die Augen zu schließen und zurückzublicken, kann ich sie alle sehen, eine malerische Gesellschaft.

„Und wenn ich Lust habe, die Augen zu schließen und auf das Leben zurückzublicken, als es unsagbar brillant war und viele Möglichkeiten bot, auf die man sich freuen konnte, und das von bunten Karos und Ringen geprägt war, dann versetzt es mich in die Zeit zurück, als ich auf die Butte High School ging und Geometrie und Virgil studierte. Nur bin ich froh, dass ich jetzt nicht mehr dort bin."

„Wozu?", sagte meine Freundin Annabel Lee.

„Es ist ziemlich erbärmlich und schrecklich, daran zu denken, wie ich mit siebzehn jeden Tag zur Butte High School gegangen bin und mir vorgestellt habe, wie wundervoll-schön das Leben eines Tages sein würde", sagte ich und fühlte mich auf einmal sehr müde.

XIV
„UND MARY MACLANE UND ICH“

Es gibt Momente, in denen meine Freundin Annabel Lee und ich gemeinsam eine Zigarette rauchen. Meine Freundin Annabel Lee mit ihrer Zigarette, ihre zierliche, bunte Gestalt, eingehüllt in dünne, exquisite graue Wolken, ist mehr als nur suggestiv und undurchschaubar. Sie stützt ihre beiden Ellbogen auf etwas und schaut mich an.

Ich mit meiner Zigarette bin nichts anderes als ich mit meiner Zigarette. Ich genieße es, aber ich bin damit weder schön noch faszinierend.

Aber meine Freundin Annabel Lee ist alles, was meine Vorstellungskraft erfassen kann. Unter dem Einfluss des dünnen, erlesenen Graus wird sie phantasievoll, und subtil und unbestimmt begegnet sie mir irgendwo und streckt mir für einen Moment ihre Hand entgegen.

„Kennst du nicht“, sagte meine Freundin Annabel Lee mit ihrer Zigarette, „das alte Lied, das so geht:

„Mary Seaton,
und Mary Beaton,
und Mary Carmichael,
und ich“?

Ich glaube, das ist Maria Stuart von Schottland, die das sagt. Und es ist ein ziemlich gutes Lied. Aber gerade jetzt, für *mich* , wenn ich Maria Stuart von Schottland wäre, du arme, elende kleine Ratte, würde ich sagen:

„Mary MacLane,
und Mary MacLane,
und Mary MacLane,
und ich.“

Denn sind wir nicht beide hier beisammen und rauchen in aller Ruhe – und dreht sich die Welt nicht?“

Ich war verzaubert. Wie selten kommt es vor, dass meine Freundin Annabel Lee so ist: warmherzig und freundlich, leicht verächtlich und zu Groteske neigend.

Damit wird sie menschlich und steht mir irgendwie nahe.

„Ja, ich würde Mary MacLane sagen, und Mary MacLane, und Mary MacLane, und ich“, sagte meine Freundin Annabel Lee aus ihren sanft aufgebauschten Wolken. „Es gibt Zeiten, da bist du so weich und angenehm wie ein graues Kätzchen. Wenn ich dich streichle, schnurrst du. Wenn ich dir Sahne gebe, leckst du sie auf. Und dann rollst du dich warm in meinem Schoß zusammen und schläfst und schnurrst und öffnest und schließt deine kleinen Fellpfoten.“

„Ich werde am Feuer sitzen
und ihr etwas zu essen geben,
und das Kätzchen wird mich lieben,
weil ich gut bin.“

„Welche Literatur ist mehr Literatur als Mother Goose?“, sagte meine Freundin Annabel Lee. „Und wirst du mich lieben – weil ich gut bin? Ist dir schon einmal in den Sinn gekommen, dass du das Gute lieben musst, weil es gut ist, du arme, elende kleine Ratte – und dass du das Böse hassen musst? Sieh mich an, sieh mich an! – bin ich gut?“

Ich sah sie an. Sie war ganz bestimmt gut. In diesem Moment sah sie aus wie ein Engel.

„Liebst du mich?“, sagte meine Freundin Annabel Lee mit ihrer Zigarette.

„Oh ja“, sagte ich.

„Schau mich noch mal an – bin ich böse?“, sagte meine Freundin Annabel Lee.

„Das nehme ich an“, antwortete ich, denn sie sah mich rachsüchtig und bösartig an.

„Und hasst du mich?“

„Nein“, sagte ich.

„Dann bist du selbst sehr schlecht und böse, du arme, elende, kleine Ratte“, sagte meine Freundin Annabel Lee mit ihrer Zigarette, „und die Welt und alle guten Menschen werden dich verurteilen.“

„Ich fürchte“, sagte ich mit meiner Zigarette, „dass die Welt und alle guten Menschen das bereits tun.“

„Ach, das tun sie!“, sagte meine Freundin Annabel Lee. „Macht nichts – ich werde mich um dich kümmern, du arme, elende kleine Ratte. Ich werde es dir gemütlich machen. Ich werde die Kälte abhalten. Ich werde die Langeweile aufhellen. Ich werde den Pöbel vertreiben.“

„Und ich“, antwortete ich, „wenn Sie dies aus diesem Grund tun, werde ich der Welt und allen guten Menschen dafür danken, dass sie mich verurteilt haben.“

„Das war gut gesagt“, sagte meine Freundin Annabel Lee. „Aber ich sage Ihnen: Wenn die Welt weich wird, werde ich hart – hart wie Nägel.“

„Dann lass die Welt hart bleiben“, sagte ich – „hart und bitter wie Wermut, wenn sie will, damit du mir tatsächlich so freundlich durch diese grauen Wolken entgegentrittst.“

„Auch das war sehr nett“, sagte meine Freundin Annabel Lee; „aber vor allem zeigt es, dass ein Spatz in der Hand besser ist als eine Taube auf dem Dach. Welche Literatur ist literarischer als die Sprichwörter? Was ist ein Spatz in der Hand wert?“, sagte meine Freundin Annabel Lee.

„Zwei im Busch“, sagte ich.

„Wo beginnt Wohltätigkeit?“, sagte meine Freundin Annabel Lee.

„Zu Hause“, sagte ich.

„Was deckt es ab?“, sagte meine Freundin Annabel Lee.

„Eine Vielzahl von Sünden“, sagte ich.

„Was ist ein Fehlschlag so gut wie?“, sagte meine Freundin Annabel Lee.

„Eine Meile“, sagte ich.

„Was bringt die Stute in Schwung?“, sagte meine Freundin Annabel Lee.

„Geld“, sagte ich.

„Wen macht das Gewissen zu Feiglingen?“, sagte meine Freundin Annabel Lee.

„Wir alle“, sagte ich.

„Was kann ein Stich zur rechten Zeit schon retten?“, sagte meine Freundin Annabel Lee.

„Neun“, sagte ich.

„Wann trennt sich ein Narr von seinem Geld?“, sagte meine Freundin Annabel Lee.

„Bald“, sagte ich.

„Was verderben zu viele Köche?“, sagte meine Freundin Annabel Lee.

„Die Brühe“, sagte ich.

„Was ist ein untätiges Gehirn?“, sagte meine Freundin Annabel Lee.

„Die Werkstatt des Teufels“, sagte ich.

„Was sieht eine Katze nur?“, sagte meine Freundin Annabel Lee.

„Ein König“, sagte ich.

„Was ist die Wahrheit seltsamer als?“, sagte meine Freundin Annabel Lee.

„Fiktion“, sagte ich.

„Dazwischen liegt so mancher Ausrutscher“, sagte meine Freundin Annabel Lee.

„Die Tasse und die Lippe“, sagte ich.

„Gleich und gleich gesellt sich gern?“, fragte meine Freundin Annabel Lee.

„Zusammen“, sagte ich.

„Was tun Narren, wo sich selbst Engel nicht hintrauen?“, sagte meine Freundin Annabel Lee.

„Kommen Sie schnell rein“, sagte ich.

„Was macht so viel Kleingeld aus?“, sagte meine Freundin Annabel Lee.

„Eine Menge“, sagte ich.

„Was passiert mit den Pfunden, wenn Sie auf die Pence aufpassen?“, sagte meine Freundin Annabel Lee.

„Passen Sie auf sich auf“, sagte ich.

„Was machen Flüche, wie Hühner?“, sagte meine Freundin Annabel Lee.

„Komm nach Hause zum Schlafen“, sagte ich.

„Was ist es, das sich nicht wenden lässt?“, sagte meine Freundin Annabel Lee.

„Ein langer Weg“, sagte ich.

„Was weht ein böser Wind?“, sagte meine Freundin Annabel Lee.

„Niemand Gutes“, sagte ich.

„Wozu ist ein barmherziger Mensch barmherzig?“, sagte meine Freundin Annabel Lee.

„Sein Tier“, sagte ich.

„Was gibt es Besseres, als zusammenzubrechen?“, sagte meine Freundin Annabel Lee.

„Bend“, sagte ich.

„Was ist ein Gramm Vorbeugung wert?“, sagte meine Freundin Annabel Lee.

„Ein Pfund Heilmittel“, sagte ich.

„Was gibt es im Leben, das auch nur halb so süß ist?“, sagte meine Freundin Annabel Lee.

„Der junge Traum der Liebe“, sagte ich.

„Was macht Abwesenheit?“, sagte meine Freundin Annabel Lee.

„Die Zuneigung wächst“, sagte ich.

„Wie würde eine Rose unter einem anderen Namen duften?“, sagte meine Freundin Annabel Lee.

„Genau so süß“, sagte ich.

„Wie kamen die Assyrer herunter?“, sagte meine Freundin Annabel Lee.

„Wie ein Wolf auf der Herde“, sagte ich.

„Womit glänzten seine Kohorten?“, fragte meine Freundin Annabel Lee.

„Violett und Gold“, sagte ich.

„Wie glänzten ihre Speere?“, fragte meine Freundin Annabel Lee.

„Sterne auf dem Meer“, sagte ich.

„Wann?“, sagte meine Freundin Annabel Lee.

„Wenn die blaue Welle jede Nacht über das tiefe Galiläa rollt“, sagte ich.

„Das alles beweist“, sagte meine Freundin Annabel Lee, „dass ich nur geigen muss und du tanzt, du arme, elende kleine Ratte. Und ich denke mir: Was gibt es Besseres, als Zweiter in Rom zu sein?“

„Zuerst in einem kleinen iberischen Dorf“, sagte ich.

„Aber ich bin nicht sicher, ob es so ist oder nicht“, sagte meine Freundin Annabel Lee. „Eines Tages werden du und ich in die große, weite Welt hinausgehen. Dann werden wir sehen, wer der Erste und wer der Zweite sein wird. Die große, weite Welt ist der beste Ort, an dem wir uns zurechtfinden können. Und ganz gleich, wie wir vorher dastanden, in der großen weiten

Welt wird es uns sicherlich anders gehen. In der großen weiten Welt wird es Äpfel geben – genug Äpfel für dich und mich. Aber wer weiß? Du arme, elende kleine Ratte; vielleicht werden dir nur *all* die süßen, saftigen Äpfel zuteil, während ich die Kerne bekomme. In der großen weiten Welt wird es Shortcake mit reifen roten Himbeeren geben – genug für dich und mich. Aber wer weiß? Du arme, elende kleine Ratte; vielleicht werden dir nur all die reifen roten Himbeeren zuteil, während ich die Rinde bekomme. In der großen weiten Welt wird es Zigaretten geben – genug Zigaretten für dich und mich. Aber wer weiß? Du arme, elende kleine Ratte; es kann sein, dass Ihr Los aus feinem ägyptischen Tabak und Reispapier und Wolken und Wolken und Wolken in Perlgrau, weichem Perlgrau besteht , um Sie einzuhüllen, während ich den ganzen Tag in leeren Schachteln suchen muss und nie eine Zigarette bekomme. In diesem Fall wird mein Los am Ende bei weitem das bessere sein", sagte meine Freundin Annabel Lee, „gemäß dem Gesetz der Entschädigung."

„Ach du meine Güte!", sagte meine Freundin Annabel Lee gereizt. „Warum sitzt du da und starrst dumm? Warum redest du nicht und unterhältst mich? Gib mir ein süßes und zufriedenes Gefühl."

„Wenn ich nur das wäre, Annabel Lee", sagte ich. „Ich kann nicht interessant reden, aber wenn Sie möchten, frage ich Sie nach den Sprichwörtern und Sie können sie beantworten. Das hat mir viel Spaß gemacht – und es gab mir ein wunderbares Gefühl der Befriedigung, ganz so, als wäre ich sieben Jahre alt und wüsste meine Lektion perfekt."

„Du fragst und ich antworte?", sagte meine Freundin Annabel Lee. „Sehr gut. Aber ich kenne meine Lektion noch nicht ganz. Fang an."

„Was ist ein Vogel in der Hand wert?", sagte ich.

„Ein Pfund Heilung", sagte meine Freundin Annabel Lee.

„Was kann ein Stich zur rechten Zeit schon ersparen?", sagte ich.

„Zwei im Busch", sagte meine Freundin Annabel Lee.

„Wo beginnt die Wohltätigkeit?", sagte ich.

„Zwischen Tasse und Lippe", sagte meine Freundin Annabel Lee.

„Was sieht eine Katze nur?", fragte ich.

„Die Brühe", sagte meine Freundin Annabel Lee.

„Was macht so viel Kleingeld aus?", sagte ich.

„Eine Vielzahl von Sünden", sagte meine Freundin Annabel Lee.

„Was verderben zu viele Köche?“, sagte ich.
„Wir alle“, sagte meine Freundin Annabel Lee.
„Wen macht das Gewissen zu Feiglingen?“, sagte ich.

„Tote Männer und Narren“, sagte meine Freundin Annabel Lee.
„Was ist es, das sich nicht wenden kann?“, sagte ich.
„Ein voller Magen“, sagte meine Freundin Annabel Lee.
„Was stärkt ein tapferes Herz?“, sagte ich.
„Ein Stich zur rechten Zeit“, sagte meine Freundin Annabel Lee.
„Was bringt Geld?“, sagte ich.
„Ein böser Wind“, sagte meine Freundin Annabel Lee.
„Was machen die Pfund, wenn Sie auf die Pence aufpassen?“, sagte ich.
„Komm nach Hause, um zu schlafen“, sagte meine Freundin Annabel Lee.
„Wo gibt es so manchen Ausrutscher?“, sagte ich.
„Wohin sich Engel nicht trauen“, sagte meine Freundin Annabel Lee.
„Was ist schärfer als der Zahn einer Schlange?“, sagte ich.
„Der Stift“, sagte meine Freundin Annabel Lee.

„Was ist mächtiger als das Schwert?“, sagte ich.
„Ein reicher Mann“, sagte meine Freundin Annabel Lee.
„Was bringt die Stute dazu, zu laufen?“, sagte ich.
„Ein Narr und sein Geld“, sagte meine Freundin Annabel Lee.
„Was sollen die tun, die im Glashaus sitzen?“, sagte ich.
„Mach die Jalousien runter“, sagte meine Freundin Annabel Lee.
„Was ist die Burg eines Mannes?“, sagte ich.
„Die Werkstatt des Teufels“, sagte meine Freundin Annabel Lee.
„Was gibt es Besseres, als zusammenzubrechen?“, sagte ich.
„Rob Peter“, sagte meine Freundin Annabel Lee.
„Wie ist der Wind eingestellt?“, sagte ich.

„Das Kamel ist zurück“, sagte meine Freundin Annabel Lee.

„Was machen viele Hände?“, sagte ich.

„Ein geschorenes Lamm“, sagte meine Freundin Annabel Lee.

„Was kann man aus einem Schweinsohr nicht alles machen?“, sagte ich.

„Ein geschenktes Pferd“, sagte meine Freundin Annabel Lee.

„Was, sollte man nie in den Mund schauen?“, sagte ich.

„Eine Seidenhandtasche“, sagte meine Freundin Annabel Lee.

„Was ist besser als ein halbes Brot?“, sagte ich.

„Hühner, bevor sie geschlüpft sind“, sagte meine Freundin Annabel Lee.

„Aber lass uns das nicht weiterspielen“, sagte meine Freundin Annabel Lee. „Ich bin matt und müde. Kannst du nicht mit mir reden – und zwar so, dass ich mich ausgeruht und wohl fühle? Und starr mich nicht an!“

„Ich fürchte, ich kann Sie nicht unterhalten. Es tut mir leid“, sagte ich. „Vielleicht beneiden Sie mich, Annabel Lee. Sie haben Annabel Lee nicht, die Sie anschauen können. Würde Ihnen das Leben nicht reich und erfüllt erscheinen, wenn Sie Ihre eigenen vagen, purpurnen Augen und Ihre roten Lippen und diese Hände der Macht und Romantik vor sich sehen könnten – Sie, mit Ihrem scharlachroten Kleid und den goldenen Margeriten, die näher kommen und im Nebel verschwinden?“

„Nein, nicht besonders“, sagte meine Freundin Annabel Lee. „Mir gefällt *dein* Aussehen“, fügte sie hinzu, und ihre violetten Augen wurden weniger vage – „wie du da in deinem kleinen schwarzen Kleid sitzt und den Tabak rauchst wie eine Spielzeuglokomotive. Komm, du amüsierst mich – du gefällst mir. Komm näher zu mir.“

Sie streckte eine Hand aus und die violetten Augen verwandelten sich plötzlich in etwas, das selten und unbeschreiblich freundlich war.

Ich habe viel vom Leben gespürt.

Meine Freundin Annabel Lee legte die Hand, die sie mir hingehalten hatte, auf meine Schulter.

„Wenn wir in die große, weite Welt hinausgehen, Mary MacLane“, sagte sie, „und du alle Äpfel und alle Shortcakes mit reifen roten Himbeeren und alle Zigaretten hast, möchtest du sie dann vielleicht mit mir *teilen* ?“

Ich sagte, ich würde es tun.

XV
Eine Geschichte über Löffelschnäbel

Wenn meine Freundin Annabel Lee in der Stimmung ist, erzählt sie mir, wenn ich sie darum bitte, kurioses und fantastisches Geschichtchen, wie es in den staubigen Winkeln dieser Welt verborgen liegt. Diese Geschichten lagen dort jahrhundertelang verborgen, und Spinnen haben ihre Netze darüber und darum gesponnen, sodass, wenn sie vielleicht hervorgeholt werden, feine graue Faserfetzen zwischen den Zeilen zu finden sind.

Gestern ging mir eine schöne, schlichte Geschichte meiner Freundin Annabel Lee durch den Kopf.

„Vor langer Zeit", sagte meine Freundin Annabel Lee, „lebte in Ägypten eine Familie wohlgeborener, aber schlecht erzogener Löffler in einem grünen Sumpf am Ufer des großen grünen Flusses Nil. Diese Familie zählte fünf Personen, und sie waren vereint und lebten in Frieden. Es gab den Vater und die Mutter und zwei Töchter und einen Sohn. Und es gab noch einen weiteren Sohn, aber er war tot. Und ihre Namen waren Maren Spoon-bill, die Mutter; und Oliver W. Spoon-bill, der Vater; und Lilith Spoon-bill, die ältere Tochter; und Delilah Spoon-bill, die jüngere Tochter. Und der Sohn hieß Le Page Spoon-bill.

„Der verstorbene Sohn hieß Roland Spoon-bill. Er wurde am Rande des Sumpfes begraben, und sein Name und das Datum wurden zu seinem Gedenken in eine quadratische, schwarze Holztafel am Kopfende des Grabes eingemeißelt. Auf der Tafel stand auch diese Inschrift: ‚Alter 15. In der Blüte seiner Jugend zu seiner letzten Ruhe gegangen. Aber seine Tugenden sind noch immer bei uns.'

„Und die kleine Delilah Spoon-bill, ein neunjähriges, phantasievolles Kind, stand da, starrte auf diese Legende und wunderte sich darüber. Eine Trauerweide hing tief über dem Grab, und Delilah stand daneben, pickte mit ihrem Schnabel Mücken aus den Zweigen und sinnierte über die Legende. Sie fragte sich unter anderem, was ‚Hey-day' bedeutete. War es so etwas wie ein Geburtstag? Oder war es im Gegenteil ein Tag, an dem alles schief ging und der damit endete, dass man in einem dunklen Schlafzimmer eingesperrt wurde? Oder war es vielleicht ein Picknicktag – mit Törtchen aus roter Marmelade? In diesem Fall tat Delilah ihrem Bruder sehr leid, dass er an einem solchen Tag gestorben war, denn wenn es ein Nahrungsmittel gibt, das Löffler wirklich mögen, dann sind es Törtchen aus roter Marmelade – so, wie die Kanadier sie machen.

„Aber sie konnte sich nie entscheiden.

„Und noch etwas an der Grabinschrift, das sie verwirrte, war der Schlusssatz: ‚Aber seine Tugenden sind noch bei uns.' Was konnten Tugenden sein?, fragte sie sich. Waren sie so etwas wie Federn, oder waren sie essbar, oder waren sie etwas, das sie nie gesehen hatte und von dem sie nichts wusste? Aber die Buchstaben sagten deutlich: ‚Seine Tugenden sind noch bei uns.' Wenn sie wirklich zu den Besitztümern der Familie gehörten, warum hatte sie sie dann nicht gesehen? Denn alles, was einem der Spoonbill-Familie gehörte und irgendwie ungewöhnlich war, wurde immer in einem Eichenschrank mit Glastüren aufbewahrt, der in einer Ecke der Diele ihres Sumpfhauses stand. Delilah hatte oft in diesen Schrank geschaut, um zu sehen, ob die Tugenden ihres Bruders nicht da waren. Es gab getrocknete Schlangenhäute und seltsame weiße Steine und Spanisches Moos und Schnupftabakdosen – aber nein, es gab keine Tugenden. Davon war sie überzeugt. Sie wandte sich an ihre ältere Schwester. ‚Lilith', sagte Delilah, ‚was *sind* Tugenden, und wo bewahren wir Rolands auf?' Wissen Sie nicht, dass auf dem Grabstein steht: „Seine Tugenden sind noch immer bei uns."

„‚Bist du nicht ein Dummkopf!', sagte Lilith und lachte mit löffelbilligem Spott. Lilith war zwölf, und mit zwölf weiß man viel mehr als mit neun. ‚Tugenden sind nichts. Und was Rolands angeht – das bedeutet nicht, dass er sie uns hinterlassen hat, genauso wenig wie dass er sie mitgenommen hat.'

„‚Was *bedeutet* es dann?', sagte Delilah. ‚Ich habe so viel darüber nachgedacht.'

„‚Du musst noch ein bisschen nachdenken', sagte Lilith –, ‚noch viel mehr, würde ich sagen – über *deine* Art zu denken!'

„Delilah wandte sich in solchen Angelegenheiten nicht oft an ihre Schwester. Liliths Angewohnheit zu lachen gefiel ihr nicht. Ehrlich gesagt gefiel es ihr überhaupt nicht, ausgelacht zu werden – nicht im Geringsten. Sie war wie viele andere Menschen auch.

„Und Lilith auch.

„Aber oh, es gab viele Dinge, die Delilah wissen wollte!

„Die Familie Spoon-bill war, wie ich schon sagte, von guter Geburt, aber schlechter Erziehung. Maren Spoon-bill und Oliver W. Spoon-bill stammten beide aus sehr guter Familie, aber sie waren die schwarzen Schafe ihrer Familien und hatten die Traditionen und Bräuche ihrer Rasse vergessen. ‚Sie hatten nicht mehr Stolz hinterlassen', sagte Maren Spoon-bills Mutter einmal, ‚als ein Kanadakranich – nein, auch nicht eine Ente.'

„‚Nein, auch keine Ente', wiederholten Maren Spoonbill und ihr Mann und freuten sich darüber.

„Und die Kinder tobten herum.

„Aber die Kinder waren, obwohl sie wild herumliefen, nicht ohne Ehrgeiz. An Sommerabenden, wenn die Familie auf der Veranda Tee trank und es für die Kinder zu warm war, um viel herumzulaufen, saßen sie zusammen und erzählten von ihren Ambitionen.

ich groß bin, werde ich Schauspielerin ", verkündete Lilith. „Ich werde eine großartige Karriere auf der Bühne haben und einen Haufen Geld verdienen. Und ich werde großartige Kleider tragen, und jeder wird mich ansehen und sagen: , *Ist sie heute Abend nicht* in atemberaubender Form?"'

„Und Le Page und Delilah waren von der Vision ihrer Schwester so überwältigt, dass sie nur ehrfürchtig und schweigend starren konnten.

„Und Delilah fragte sich, wie es aussehen musste, dass es so schlau war.

„Aber Le Page, der selbst elf Jahre alt war, erholte sich schnell.

„Also gut", sagte er, „wenn *ich* groß bin, werde ich Pirat. Ich werde mich über alle Piraten legen, die es je gab, feuernd und plündernd – und ich werde prächtige Kleider tragen, und jeder wird mich ansehen und sagen: , *Ist* er heute Abend nicht in atemberaubender Form?"'

„Delilah fand, dass Letzteres seltsamerweise wie Lilith klang – aber vielleicht war eine Piratin auf subtile Weise wie eine Schauspielerin und musste deshalb mit denselben Begriffen beschrieben werden.

„‚Und Delila', sagte ihr Vater, ‚was sollst du sein? Was für Kleider wirst du tragen?'

„Delilah hatte schon einmal versucht, der versammelten Familie von ihrem Ehrgeiz zu erzählen, und das Ergebnis war schlecht. Das hohe Gelächter von Lilith und Le Page erklang immer in der stillen Abendluft, und sogar ihr Vater, der ein freundlicher Mensch war, lächelte. Delilahs Ehrgeiz war immer derselbe, aber sie variierte ihn fast immer ein wenig bei jeder Erzählung – und die Belustigung ihrer Schwester und ihres Bruders variierte entsprechend.

„Manchmal schlugen sie sogar mit den Flügeln.

„Das war zu grausam.

„Wahrlich, Kinder sind immer grausam.

„Doch während Delilahs Ehrgeiz immer derselbe war, deckten die von Lilith und Le Page ein außerordentlich breites Spektrum ab. An manchen Abenden zeichnete Lilith ein leuchtendes Bild von sich selbst als renommierte Dozentin mit wunderbarer persönlicher Anziehungskraft und einem treffenden Stil – sie bewegte die Massen und trieb Tränen aus steinernen Augen, indem sie ihre Stimme erhob. Daraufhin stellte sich Le Page, wenn er wieder zu Atem gekommen war, als gefeierter Wissenschaftler dar, der sich in wunderbare chemische Geheimnisse vertiefte und Dinge von unermesslichem Nutzen für die Menschheit entdeckte. Auch er bewegte die Massen und trieb Tränen aus steinernen Augen.

„Und Delilah fragte sich, was Dozenten und Wissenschaftler waren und wie sie diese Dinge tun konnten.

„Und als Lilith ihre Absicht verkündete, eine berühmte Bildhauerin zu werden, deren leidenschaftliche Arbeit die Freude ihrer Zeit sein würde, dann dachte Le Page darüber nach, ein berühmter Entdecker zu werden, der bis ins tiefste Afrika und in den äußersten Norden vordringen würde, und dessen leidenschaftliche Arbeit die Freude seiner Zeit sein würde.

„Und Delila würde sich noch mehr wundern.

„Ja, Kinder sind immer so – und sie sind faszinierend.

„Und jeden Sommerabend, nachdem Lilith und Le Page von ihren Ambitionen erzählt hatten, fragte ihr Vater Delilah, was ihre sei. Dann flüsterte Delilah immer: ‚Ich werde Grabsteine studieren, Papa! Und wenn ich groß bin, weiß ich vielleicht, was jeder einzelne Grabstein auf der Welt bedeutet. Und vielleicht kann ich Rolands Grabsteine nach langem und intensivem Studium direkt lesen und ohne nachzudenken wissen, was sie bedeuten. Und vielleicht kann ich sie alle Leuten erklären, die sie nicht kennen.‘

„Für Delilah war das wirklich ein gewagtes Unterfangen – sie war so etwas wie ein regelrechter Wunschtraum.

„Nun“, sagte meine Freundin Annabel Lee, „das war, als die Löfflerfamilie noch jung war.

„Die Jahre vergingen nacheinander und die drei Kinder wuchsen. Und es geschah, dass Lilith dreiundzwanzig war, Le Page zweiundzwanzig und Delilah zwanzig.

„Sie waren noch immer so wie als Kinder. Lilith, das möchte ich nebenbei sagen, war weder Schauspielerin noch Dozentin und auch keine Bildhauerin – und Le Page war einfach nur Le Page.

„Auch Delilah war Delilah, hatte aber in mancher Hinsicht aufgehört, elementar zu sein, während sie in anderer Hinsicht noch immer vorhanden war und dies bis zum Ende bleiben würde.

„Es geschah, dass sich ein junger, männlich gesinnter Löffler von der anderen Seite des großen grünen Flusses Nil in Delilah verliebte.

„Ebenso verliebte sich Delilah in einen jungen Löffler, aber nicht in diesen jungen Löffler.

„Das kommt häufig vor.

„Und Delilah hatte kein Interesse an dem Löffler vom anderen Ufer des Flusses, und der Löffler, in den Delilah verliebt war, hatte kein Interesse an ihr auf genau dieselbe Weise.

„Was auch häufig vorkommt.

„An einem Tag, wenn der Nil sehr grün war und schwere, ekelerregend süße Blumen in toter weißer Farbe an den schwarzen Bäumen am Ufer hingen und der Himmel so blau war und alles Sommer war, kam der junge Löffler von der anderen Seite des Flusses, um Delilah zu besuchen. Er liebte diesen jungen Löffler so sehr – so hoffnungslos! Aber Delilah ging an einem solchen Tag dorthin, wo das grüne Wasser seicht war, und ihre Gedanken waren bei dem jungen Löffler, der ihr ans Herz gewachsen war.

„Und der junge Löffler von jenseits des Flusses kam und blieb ein Stück von Delilah entfernt unter einem Baum mit breiten, dicken Blättern stehen. Wie schön war er anzusehen, mit seinen weißen Federn, die wie Silber glänzten, und seinen topasfarbenen Augen!

„Und Delilah war überaus bezaubernd mit ihren Federn in weichem, weichem Grau – einem so weichen Grau, dass man, wenn man ein Mensch wäre, seine Stirn am liebsten auf dem flauschigen Flaum ihrer Brust ablegen würde.

„Dann sagte der von jenseits des Flusses – sein Name war Gerald Spoon-bill –: ‚Delilah, komm mit mir über den Fluss zu den feuchten Wiesen, wo es einen Teich mit tausend Teichrosen gibt und schöne Blumen am Weg. Wir würden dort glücklich sein, du und ich.‘

„Aber Delilah würde sagen: ‚Oh, geh zurück über den Fluss, Gerald Spoon-bill! Du und ich sollten nie glücklich zusammen sein. Warum stehst du Tag für Tag dort neben dem Gummibaum? Und warum verschwendest du deine Lebensnerven und deine Herznerven? Warum gibst du dein gutes Herz nicht jemandem, der es nehmen kann?‘

„‚Aber du wärst glücklich mit mir, Delilah‘, antwortete er ihr eifrig unter den dunklen Blättern. ‚Wir werden mitten in einem neuen Tag stehen und zusehen, wie die Sonne aus dem Sand aufsteigt – wir werden mittags in blassen Untiefen stehen – wir werden unsere Herzen laut schlagen hören, wenn die Blitze durch die Zweige schlagen – wir werden ein wenig im starken Wind fliegen – wir werden still und schweigend inmitten goldener Einsamkeit stehen, wenn die Sonne aus dem Sand verschwindet – und bei all diesen Dingen wird mein Herz dir gehören.'

„Geh zurück über den Fluss, Gerald Spoon-bill!", sagte Delilah.

„Aber Gerald Spoon-bill spürte, dass er so sehr liebte, dass er nicht über den Fluss zurückkehren konnte.

„Es ist nicht möglich, über den Fluss zurückzukehren, wenn die Liebste ganz allein im grünen Untiefen steht.

„Dann kam der Auden Spoonbill aus der Richtung der Dattelpalmen am Ufer entlang, derjenige, der Delilahs Herz erreicht hatte. Er war ebenfalls gut anzusehen – nicht wegen der Schönheit seiner Federn oder seiner Augen, sondern wegen seiner körperlichen Stärke. Allerdings waren auch seine Augen aus Amethyst.

„Auden Spoon-bill lief parallel zum Flussufer, bis er Delilah im blassgrünen Wasser stehen sah. Dann überquerte er die Seite und kam auf sie zu.

„‚Unten, wo der steile Wasserfall über die Steine stürzt, blühen Lotusblumen', sagte er. ‚Delilah, kommst du mit und isst ein paar davon?'

„‚Oh ja, ich werde kommen', sagte Delilah eifrig.

„Denn sie war noch elementar genug, um Dinge eifrig zu sagen.

„Also gingen sie hinunter dorthin, wo die Lotusblumen wuchsen, wo der steile Wasserfall über die Steine brach.

„Es war gerade die Zeit, in der der große grüne Nil über seine Ufer tritt und meilenweit alles mit Wasser benetzt. Zu dieser Zeit war es Brauch der Löffler, Kraniche, Adjutantenvögel und anderer ihrer Art und Tiere verschiedenster Art, ihre Heimat zu verlassen und sich aus der Reichweite der grünen und violetten Flut zu entfernen. Aber noch hatte niemand daran gedacht, wegzuziehen, denn es war noch zu früh in der Jahreszeit. Maren Spoon-bill und Oliver W. Spoon-bill hatten noch nicht einmal begonnen, ihre Haushaltsgegenstände zusammenzupacken, noch hatten sie, wie es ihre Gewohnheit war, die schwarze Tafel vom Kopfende von Roland Spoon-bills Grab entfernt, das sich am äußersten Rand des Flusses befand.

„Der Flussgott ist ein Mensch mit Launen wie wir alle. Und so ließ er in jenem Jahr, an dem Tag, als Delilah und Auden Spoon-bill den Fluss hinuntergingen, um Lotusblumen zu essen, einer ihrer Launen freien Lauf. Er wollte eine Vorahnung der jährlichen Flut in Form einer wunderschönen grünen, violetten und weißen Welle senden, die zwar nicht sehr weit gehen würde, aber in ihrer Wirkung verheerende Auswirkungen haben sollte.

„‚Delilah', sagte Auden Spoon-bill, „da wir hier Lotusblumen essen, ist das Leben doch sehr schön, nicht wahr?'

„‚Oh, sehr schön – ja, sehr schön', sagte Delilah und war begeistert.

„Du bist ein so lieber Freund", sagte Auden Spoon-bill.

„‚Ja', sagte Delilah und war nicht begeistert.

„‚Das Leben', sagte Auden Spoon-bill, ‚ist ziemlich schön, egal wie man es gestaltet.'

„Aber das Leben ist eine sehr seltsame Sache", sagte Delilah. „Ich kann Ihnen gar nicht sagen, wie seltsam ich es finde. Erstens kann ich Dinge haben, die nicht mein Herzenswunsch sind, und zweitens kann ich Dinge, die mein Herzenswunsch sind, nicht haben."

„‚Es ist seltsam', gab Auden Spoon-bill zu. ‚Aber warum sollte man in dieser schönen, friedlichen Welt andere Herzenswünsche haben als die, die man bereits hat?'

„‚Man kann sein Herz nicht beherrschen', rief Delilah. ‚Das Herz schlägt weiter, bevor der Verstand zum Nachdenken anhalten kann. Das Herz stürzt sich vor allem anderen hinein. Das Herz spielt mit leuchtend bunten Dingen, wenn alles andere tote Farben hat. Das Herz liebt –'

„Aber Delila war nie fertig. Vor ihren Augen erhob sich eine prächtige Wand – eine Wand aus Wasser, das Feuer und Wolken und Silber war, und in ihr waren unbeschreibliche Regenbogen von dem Purpur, der die Seele in seinem Glanz einfängt und ihr wundersame Möglichkeiten zeigt; und in ihr waren Linien von blassem Lavendel, der die Sinne streichelt – und man atmet von ihr fast einen Duft von Heliotrop; und in ihr waren breite Flächen von tiefem Schwarz und blendendem Weiß, die den Anschein von Leben und Tod erweckten; und in ihr, zu guter Letzt, war eine Welt von unendlichem Grün: Sie war von einem Ort großer Dinge gekommen; sie war an einen Ort gekommen, wo alles vor ihr unterging, wo Leben jubelten, aber vor ihr zurückschreckten wegen ihres Grüns.

„Eine erlesene Laune war die des Flussgottes.

„Delilah und Auden Spoon-bill starrten einen kurzen Moment. Sie sahen die herrlichen Dinge. Sie sahen den Tod im Glanz, aber dennoch hoben sie ihre

Stimmung. Sie sahen auch einen wilden Schwarm Lebewesen vor der Welle. Delilah sah ihre Familie – Lilith und den Rest – kämpfen und halb mit Wasser bedeckt, und ihr Haus aus Schilf wurde von seinen Fundamenten gelöst und den Fluss hinuntergetragen.

„Plötzlich überwältigte sie die Flut und Delilahs Leben verschwand im Wasser. Sie wurde hoch auf einer dunklen Dünung getragen und an der Biegung traf sie plötzlich ein betäubender Schlag auf die graue Brust einer quadratischen schwarzen Holztafel.

„Bevor der Tod aus dem Glanz zu ihr kam, war sie sich mehrerer Dinge bewusst. Einen Augenblick lang sah sie mit verblüffender Klarheit die Worte auf der Tafel vor ihren Augen: ‚Gegangen in der Blütezeit der Jugend zu seiner letzten Ruhe. Doch seine Tugenden sind noch immer bei uns.'

„Sie bildete sich sogar zum ersten Mal ein, zu wissen, was es bedeutete.

„‚Die Blütezeit der Jugend', murmelte sie vor sich hin, ‚ist der Tag, an dem ich mit meinem Liebsten Lotusblumen esse – und Tugenden sind zwei Augen aus Amethyst, die noch immer bei mir sind, wenn ich ertrinke.'

„Auden Spoonbill ertrank zusammen mit ihr.—

„Das ist die ganze Geschichte", sagte meine Freundin Annabel Lee.

„Danke", sagte ich. „Es ist wunderschön in seiner Eigentümlichkeit. Was bedeutet es, Annabel Lee?"

„Gemein?", sagte meine Freundin Annabel Lee. „Ich habe nicht gesagt, dass es etwas bedeutet."

„Aber ich nehme an", sagte ich, „alles, was wahr ist, bedeutet etwas."

„Sehr wahrscheinlich", sagte meine Freundin Annabel Lee. „Aber diese Geschichte ist nicht wahr. Ich habe sie erfunden."

Weil es nicht wahr ist oder aus irgendeinem anderen Grund, geht mir die Geschichte immer noch durch den Kopf. Wie sehr ähnelt sie meiner Freundin Annabel Lee!

XVI
Ein Maß an Trauer

„ Aber obwohl du genauso schön bist wie Poes Annabel Lee“, sagte ich zu meiner Freundin Annabel Lee – „und die Hälfte der Zeit denke ich, du bist dieselbe –, stelle ich dennoch Unterschiede fest, wenn ich das Gedicht in Gedanken noch einmal lese.“

„Man findet Unterschiede“, sagte meine Freundin Annabel Lee.

Ich wiederholte:

„Vor vielen, vielen Jahren lebte
in einem Königreich am Meer
eine Jungfrau, die Sie vielleicht kennen
: Annabel Lee.
Und diese Jungfrau hatte keinen anderen Gedanken,
als mich zu lieben und von mir geliebt zu werden.“

„Die ersten vier Zeilen“, sagte ich, „tun sehr gut, denn es spielt keine Rolle, wie lange Sie gelebt haben – und wer kann das schon sagen? Aber – ich glaube, Sie leben mit anderen Gedanken als den erwähnten.“

„Ich glaube schon“, sagte meine Freundin Annabel Lee.

Ich wiederholte:

„‚Ich war ein Kind, und sie war ein Kind,
in diesem Königreich am Meer;
und wir liebten uns mit einer Liebe, die mehr war als Liebe,
ich und meine Annabel Lee –
eine Liebe, die die geflügelten Seraphim im Himmel
begehrten, sie und mich.‘

Die erste Zeile könnte stimmen“, sagte ich, „denn du bist erst vierzehn und ich erst einundzwanzig – was im Vergleich zum Alter der Erde eine ziemlich junge Jugend ist. Aber die dritte und vierte Zeile sind entsetzlich. Und, ach, du bist nicht meine Annabel Lee. Du gibst mir immer das Gefühl, dass mir nichts gehört. Und nein, die geflügelten Seraphim im Himmel beneiden dich und mich ganz gewiss um nichts.“

„Wenn das so ist“, sagte meine Freundin Annabel Lee, „dann muss der Himmel sehr dürftig ausgestattet sein.“

Ich wiederholte:

„‚Und das war der Grund, warum vor langer Zeit
in diesem Königreich am Meer
ein Wind aus einer Wolke wehte und
meine schöne Annabel Lee frösteln ließ,
sodass ihr hochgeborener Verwandter kam
und sie von mir wegtrug, um sie in einem Grab
in diesem Königreich am Meer einzusperren .‘

„Ich stelle mir manchmal vor“, sagte ich, „dass ein kalter Wind nachts aus einer Wolke kam und über dich hinwegfegte. Kein hochgeborener Verwandter kommt, um dich wegzutragen – aber ich schaudere bei der Vorstellung. Wird ein hochgeborener Verwandter kommen, um dich wegzutragen – wirst du in ein graues Steingrab gesperrt?“

„Kein Verwandter, ob hoch- oder niedriggeboren, wird kommen, um mich wegzutragen“, sagte meine Freundin Annabel Lee. „Verwandte tragen keine Dinge weg, die keinen inneren Wert haben.“

„Nein, das glaube ich nicht“, sagte ich und war erleichtert.

Ich wiederholte:

„‚Die Engel, die im Himmel nicht halb so glücklich waren,
beneideten sie und mich.
Ja! Das war der Grund (wie alle Menschen
in diesem Königreich am Meer wissen),
warum der Wind in der Nacht aus den Wolken kam und
meine Annabel Lee erfror und tötete.‘

Aber nein“, sagte ich, „die Engel im Himmel sind sicher mehr als halb so glücklich wie Sie und ich.“

„Mehr als die Hälfte“, sagte meine Freundin Annabel Lee. „Dafür brauchen sie keine Wolken vom Himmel zu schicken.“

Ich wiederholte:

„Aber unsere Liebe war bei weitem stärker als die Liebe
derer, die älter waren als wir,
von vielen, die viel weiser waren als wir;
und weder die Engel oben im Himmel
noch die Dämonen unten im Meer können meine Seele jemals von der

Seele
der wunderschönen Annabel Lee trennen ."

„Wenn Sie etwas lieben würden", sagte ich, „wäre es bei weitem stärker als das von manchen, die älter sind, und von sehr vielen, die vielleicht weiser sind."

„Ich glaube nicht, dass Weisheit und Alter damit etwas zu tun haben", sagte meine Freundin Annabel Lee.

„Und die Engel im Himmel würden dabei kaum eine Rolle spielen", sagte ich.

„Nein, ganz sicher nicht die Engel im Himmel", sagte meine Freundin Annabel Lee.

„Noch die Dämonen da unten im Meer?", fragte ich.

„Ich weiß nichts über *sie* ", sagte meine Freundin Annabel Lee.

Ich wiederholte:

„Denn der Mond scheint nie, ohne mir Träume
von der schönen Annabel Lee zu bringen.
Und die Sterne gehen nie auf, ohne dass ich die strahlenden Augen
der schönen Annabel Lee spüre.
Und so liege ich die ganze Nacht an der Seite
meiner Liebsten – meiner Liebsten – meines Lebens und meiner Braut,
in ihrem Grab dort am Meer,
in ihrer Gruft am rauschenden Meer."

„Die ersten Zeilen", sagte ich, „passen gut. Denn du bist wie der Mond und die Sterne, und sie sind wie du. Du bist mit ihnen auf dem Schattenweg. Und wenn du draußen am Meer in einem grauen Steingrab wärst, würde ich dort in deiner Nähe bleiben, bei Nacht und bei Tag. Du wärst dort – und mein Herz würde sich immer noch an dich wenden."

„Mehr als zuvor", sagte meine Freundin Annabel Lee. „Denn am Ende fällt alles dem Meer zu. Diejenigen Menschen", sagte meine Freundin Annabel Lee, „die ein Maß an Kummer haben, das mit dem Meer verbunden werden kann, sind die glücklichsten Menschen von allen. Dieses Maß an Kummer wird ihnen gute Dienste leisten und wird ihnen an Tagen zugute kommen, an denen sie alles andere im Stich lässt. Wenn ein Maß an Kummer mit dem Meer verbunden ist, gehört es zum Meer – und das Meer ist immer da."

„Das Meer“, sagte meine Freundin Annabel Lee, „ist wie ein Brief von jemandem, dem Sie nach langem Schweigen geschrieben haben und von dem Sie dachten, er könnte tot sein.“

„Das Meer ist das Maß des Kummers, und das Maß des Kummers ist das Meer. Wenn Ihr Kummer sich einmal mit dem Meer verbunden hat, wird Ihr Kummermaß nie mehr vom Meer getrennt werden können.“

„Das Maß des Kummers wird all sein Elend tief ins Meer versenken, und das Meer wird dieselbe Farbe haben wie es. Denn ein Maß des Kummers reicht aus, um ein großes Meer zu färben.

„Das Meer wird dem Kummer ein wenig wilde Freude verleihen. Es gibt keine Freude auf der Welt wie die des Meeres – denn es gibt genug davon, um alle Dinge des Lebens und das Leben selbst zu berühren. Und die wilde Freude wird nur vor einer Todesszene haltmachen. Wenn ein Leben mit dem Meer verbunden ist, wird es trotz aller Erschöpfung, aller Qualen, aller schweren Tage der Unruhe und all des vergeblichen Kämpfens und der Nervenverschwendung dennoch eine wilde Freude geben und in extremen Momenten einen Nervenkitzel nach dem anderen des Triumphs.

„Die Leiden, die nicht mit dem Meer verbunden sind, müssen für sich selbst sorgen.

„Und aus diesen Gründen sind jene Menschen, die ein Maß an Leid empfinden, das mit dem Meer vergleichbar ist, die glücklichsten Menschen von allen.“

XVII
EINE LAUTE OHNE SAITEN

Das Erstaunlichste an meiner Freundin Annabel Lee ist, dass sie, so jung sie auch ist, mit Ausnahme einiger Dinge aus der Vergangenheit vollkommen in der Gegenwart zu sein scheint. Sie baut sich keine Zukunftspläne auf. Die Zukunft ist etwas, auf das sie mit Verachtung blickt. Sie hat keine Verwendung dafür – außer vielleicht, um einen bitteren Satz zu formulieren.

Das Geschenk findet sie vor sich, hebt es hoch, legt es auf den Tisch vor sich und öffnet es, als wäre es ein Buch – ein Buch mit nur zwei Seiten. Sie scheint auf diesen beiden Seiten Symbole und Figuren und schwache Andeutungen zu finden, aus denen sie eine Vielzahl von Ideen und Einfällen ableitet und Material für bittere Sätze aus Worten.

Es scheint sie zu interessieren, und es interessiert mich in ungewöhnlichem Ausmaß.

Sie verweilt in der Gegenwart.

Sie spricht über Dinge in der Gegenwart mit einer Tonlage, die in scharfem Kontrast zu den Gefühlen steht, die sie äußert. Dabei ist ihr Gesichtsausdruck unergründlich. Im Großen und Ganzen betrachtet ist sie eine unergründliche Person. Während ich zuhöre, frage ich mich, ob sie diese Dinge selbst glaubt – oder ob sie nur spricht, um sich zu amüsieren? Aber zwangsläufig spüre ich in allem, was sie sagt, einen Funken Wahrheit. Ich schaue sie genau an, um Anzeichen von Ironie oder Unaufrichtigkeit zu entdecken – aber ich kann nur einen Funken gehässiger Wahrheit spüren, oder einen Funken freundlicher Wahrheit, oder einen Funken alter Wahrheit oder Neugier.

Dann, während sie spricht und ich im selben Moment nachdenke, überlege ich: Was macht es schon, ob irgendetwas davon wahr ist oder nicht, oder ob sie es glaubt oder nicht, oder ob ich es verstehen kann oder nicht – da *sie* es ja sagt. Ist sie nicht eine wunderbare Person, die mir diese Dinge mit ihrer wunderbaren Stimme erzählt?

Sie trägt alles vor sich her in dieser Welt.

Denn sie und ich bilden eine kleine Welt.

Wenn sie nicht brillant reden kann, dann liegt das daran, dass die Brillanz ihrer Sätze diese zunichte machen würde.

Wenn ihre Ausführungen nicht tiefgründig sind, liegt das daran, dass ihre Phantasie zu diesem Zeitpunkt im phantastischen Licht verweilt und durch Tiefgründigkeit ruiniert würde.

Wenn sie nicht logisch ist, dann liegt das daran, dass sie exquisit ist, was völlig jenseits der Logik liegt.

Dennoch, wenn sie einfache, schlichte und dumme Dinge sagt, sagt ihr Gesichtsausdruck mehr als nur den Ausdruck von jemandem, der brillante Dinge sagt.

Und wenn sie leichtfertig die eine oder andere schwache Phantasie berührt, ist der Ausdruck ihres Liliengesichts vor allem tiefgründig.

Und wenn ihre Stimmung und ihr Ausdruck jede Logik außer Acht lassen, ist ihr Gesichtsausdruck das Musterbeispiel einer Person, die in aller Aufrichtigkeit und Vernünftigkeit Plattitüden von sich gibt.

Diese Ausdrücke auf ihrem Gesicht haben mich dazu veranlasst, unterschiedliche Visionen meiner Freundin Annabel Lee zu sehen.

Eine davon ist die Vorstellung von ihr als fähiger, älterer, unverheirateter Tante, die in guten wie in schlechten Zeiten für mich da ist, kleine Fleischpasteten für mich kocht, mir sagt, wenn ich zu viel Geld ausgebe, und was ich bei einer Erkältung tun kann.

Eine davon ist die Vorstellung von ihr als verspieltes Kind, das mich in all meinen Sommertagen begleitet, alle seine kuriosen Gedanken mit mir teilt, mir zahllose Fragen stellt und meine Lehren für bare Münze nimmt.

Eine davon ist eine Vision von ihr als Schwester - eine von der Sorte, die das Beste im Leben hat, während ich mich mit den ärmlichen Dingen zufrieden geben muss; eine von der Sorte, die einen Grafen aus Übersee heiraten wird, und ich muss arbeiten und mich beeilen, um ihre Kleider für die Hochzeit fertigzumachen - und dann zurückgehen und für den Rest meines Lebens in einem kleinen, ausgestorbenen Dorf leben.

Eine davon ist eine Vision von ihr als stille Märtyrer-Schwester, die auf meinen Ruf kommt und sich auf mein Geheiß zurückzieht – und in dieser Rolle wandelt meine Freundin Annabel Lee mit außerordentlicher Schönheit.

Eine davon ist die Vision von ihr als starker älterer Freundin, die zwischen mir und allen eisigen Stürmen steht, die meinen Alltag regelt und meine alberne Aufregung mit ihrer Ruhe und Weisheit beruhigt.

Eine davon ist eine Vision von ihr als jemand, der keine Gesetze kennt, der mich auf seltsame Straßen und Wege führt und dessen Geist für mich ein Labyrinth ist, in dem ich in erbärmlicher Verwirrung wandle.

Die eine ist die Vision von ihr als einer äußerst bösen Person, vor der ich Angst habe, die ich hassen muss, die ich aber dennoch liebe.

Eines ist die Vision von ihr als Frau jeden Alters, die vor allem kompromisslos und unsympathisch ist. Wenn ich fröhlich bin, ist sie ruhig; wenn ich schweren Herzens bin, ist sie ruhig; wenn ich voller Vorfreude bin, ist sie ruhig; wenn ich verzweifelt bin, ist sie ruhig.

Eine Vision ist, dass sie ein Schatten unter Schatten ist. Sie ist nicht real, sage ich mir. Eines Tages werde ich aufwachen und feststellen, dass sie verschwunden ist – ohne Schmerz und ohne „Abschiedstraurigkeit", als hätte es sie nie gegeben.

Man hat eine Vision von ihr als einer, die in der Welt ist und von der Welt und wie der Rest der Welt. Und wenn ich sie so betrachte, ist mein Gedanke, dass das Beste von allem ist, in der Welt zu sein und von der Welt und wie der Rest der Welt zu sein – die Qualität der Menschlichkeit zu besitzen, die Welt so gut zu kennen, dass man die besten ihrer Schätze auswählen und das darin Nutzlose nutzbar machen kann.

Aber all diese Visionen sind vage. Keine von ihnen ist meine Freundin Annabel Lee. Es sind die Ausdrücke ihres lilienartigen Gesichts, die mir diese Visionen bescheren – nicht das, was sie sagt oder tut. In Wahrheit ist sie in gewisser Weise wie all die Visionen, aber jede ist so sehr mit ihr selbst vermischt, dass der Typus verloren geht.

Und meine Freundin Annabel Lee, obwohl sie mit dem Buch vor sich sitzt, das zwei Seiten aufgeschlagen ist, und sehr interessiert an allem scheint, was sie darin findet, hat sie doch den Blick einer Person, die, wenn jemand sie darum bittet, sich das Buch auszuleihen, es sofort zuklappen und ohne Reue hergeben würde. Und nachdem sie das Buch hergegeben hat, scheint es, als würde sie irgendwo in der Nähe eine Blume pflücken, den Stiel zwischen Daumen und Finger drehen und aus dem Fenster blicken.

Das ist nicht so, dass sie die Gegenwart ebenso verachtet wie die Zukunft, aber es scheint, als sei sie für ihre Gedanken dazu nicht auf das Buch mit den zwei Seiten angewiesen.

Doch ihre Verachtung der Zukunft hat auch Methode. Sie geruht nämlich zu glauben, dass die Zukunft zur Gegenwart wird, wenn ein Tag auf den anderen folgt. Doch sie berührt sie nicht in gutem Glauben, bis sie tatsächlich Gegenwart ist.

Meine Freundin Annabel Lee sitzt manchmal da und spielt auf einer kleinen alten Laute.

„Die Zukunft", sagte meine Freundin Annabel Lee, „ist wie eine Laute ohne Saiten. Sie können nicht auf einer solchen Laute spielen und die langen, langen Gänge Ihres Gehirns mit der dünnen, süßen, bedeutungslosen Musik füllen. Sie können nur dumm dasitzen, in die Höhle starren und daran denken, wie freudig die Musik sein wird, die eines Tages erklingen wird, wenn Ihre Laute von Zeit zu Zeit mit Saiten bespannt wird – obwohl Sie in diesem Moment besser in Ihren Garten gehen und die Höhle mit Tomaten füllen und sie eilig zum Markt bringen könnten. Und während Sie träumend über Ihrer saitenlosen Laute sitzen, drücken Sie in Ihrer Ungeduld auf die Register und drücken zu stark und zu oft, so dass, wenn Ihre Laute schließlich bespannt ist, die Register nicht richtig funktionieren, sondern an einer Stelle feststecken. Und wenn Ihre andere Hand die Saiten berührt, wird es schreckliche Missstimmung geben – immer schreckliche Missstimmung.

„Ich habe“, sagte meine Freundin Annabel Lee, „noch nie jemanden gesehen, der über einer unbesaiteten Laute träumte, ohne die Register zu berühren.“

Nachdem meine Freundin Annabel Lee dies gesagt hatte, blickte sie über meinen Kopf hinweg auf das flache, grüne Meer des Atlantiks, und ihre Hand strich über die Saiten ihrer Laute, und es erklang Musik. Und die Register funktionierten einwandfrei, wie Register, die in den Tagen der Laute ohne Saiten nicht manipuliert worden waren.

Und die Musik, die herausdrang, war wie gelber Wein für den Kopf und drang nicht nur in die Korridore, sondern auch in die Türme und tief unten am Graben und innerhalb und außerhalb der Außenmauer und in den Kerker, wo vorher keine Musik erklang.

XVIII EINE ANDERE VISION MEINER FREUNDIN ANNABEL LEE

Und ich habe eine Vision von meiner Freundin Annabel Lee als Prinzessin in einem riesigen Schloss am Meer – einem Schloss aus mattrotem Granit, das im Licht der untergehenden Sonne in einem herrlichen Purpurrot leuchtet.

Und den ganzen Tag lang ist kein Lebenszeichen um das trübe rote Schloss herum zu sehen, außerdem weht ein schwacher Wind und das blaue Wasser ist sehr ruhig. Weit unten am Ufer fliegen nur ein paar Möwen und Wildenten reiten auf den Wellen.

Meilenweit um das rote Schloss herum bewegt sich auf den zerklüfteten Felsen nichts, aber in den Spalten wächst wildes grünes Unkraut, das voller schöner, süßer Lebewesen ist. Und den ganzen Tag ist der Himmel blassblau.

Die Fenster im roten Schloss sind aus dickem, dunklem Glas und mit Gittern, Sprossen und Eisen verziert. Der Anblick dieser Fenster ist starr und bitter und schließt alles aus, was draußen ist.

Die Zinnen der Burg sind hoch und schmal und sehen furchterregend aus und sind dunkel und sehr düster. Wäre ich auf den Zinnen, würde ich mich gerne von ihnen auf die Felsen stürzen, einige hundert Meter tief, und in Stücke gerissen werden – oder ins tiefe Meer. Aber unten gibt es einen Turm und einen Glockenturm, aber keine Glocke, und der Turm ist ein geschützter und sicherer Rückzugsort mit Blick auf alles. Jemand, der zuvor in der Welt nicht zufrieden war, könnte im Turm dieser hohen, roten Burg am Meer endlich zufrieden sein.

Dort, wo Meer und Himmel aufeinandertreffen, verläuft eine schmale Linie, die weder blassblau wie der Himmel noch dunkelblau wie das Meer ist, sondern nur blasse dünne Luft ist. Und ich schaue darauf und erwarte zu sehen – Aber im hellen Tageslicht weiß ich nie, was ich in der dünnen Luftlinie zu sehen erwarte, wo das Blassblaue auf das Dunkle trifft.

Und dann ist es den ganzen Tag totenstill und meine Freundin Annabel Lee ist eine Prinzessin im roten Schloss.

Was für eine schöne Prinzessin ist meine Freundin Annabel Lee!

Ich stelle sie mir in einem wunderschönen weißen, mit Goldfäden bestickten Kleid vor. Das Kleid ist lang und schmal, liegt eng an der Taille an und schleift auf dem Boden. Und am linken Zeigefinger der Prinzessin trägt sie einen großen alten Silberring mit einem ungeschliffenen Türkis.

Die Räume im Inneren des roten Schlosses sind für eine solche Prinzessin geeignet. Sie sind dunkel und hoch und schmal und mit Fresken und Wandgemälden geschmückt, und die dicken Fenster aus dunklem Glas glänzen in wunderbaren, unzähligen Farben, wo das Licht hindurchscheint. Vor einigen der Fenster hängen Stücke geschliffenen Glases, und diese fangen die Sonnenstrahlen ein, und sofort fallen unzählige Regenbögen auf das Kleid und die Hände und das Haar der Prinzessin.

Wenn die Sonne untergeht, fällt aus der Ferne ein breiter Streifen tiefgoldenen Lichts auf das rote Schloss, und es erstrahlt in prächtigem Purpurrot. Das dunkle Glas der Fenster glüht wie altes Kupfer. Die Zinnen sind mit Gold verziert, und alles gleicht einer großen Blume, die gerade erst erblüht ist.

Nachdem die Sonne untergegangen ist und das Purpurrot des roten Schlosses und das Kupfer der Fenster wieder verblasst sind und bevor das Tageslicht erloschen ist, nehmen das Meer und der Himmel verschiedene Schattierungen und Bedeutungen an, und die Möwen und Wildenten kommen von weit unten am Ufer herauf, und die Felsen hallen mit ihren wilden Geräuschen wider. Der Himmel ist voller fliegender Wolken und das Wasser steigt hoch und hat Kämme aus weißem Schaum.

Aber die Linie am Horizont sieht immer noch gleich aus.

Dann öffnet die Prinzessin in ihrem weißen Kleid eine Tür hoch oben im Schloss und kommt unter dem Turm heraus. Sie tritt ans Geländer und lehnt sich darauf, ihr blondes Kinn ruht in der Hand.

Ich sehe sie dort, auf der anderen Seite einer langen Strecke dunklen Wassers, ihr weißes Kleid glänzt im blassen Licht – so hoch oben und so – und eine Vielzahl von Gedanken überkommen mich.

Die Prinzessin blickt auf den dünnen Streifen Himmel ihr gegenüber, und ihr Blick ist so fest, dass ich meinen Blick von ihr abwende und ebenfalls dorthin schaue.

Und nun spielen sich dort vielfältige Szenen ab.

Es gibt eine Szene, in der ein Ritter mit seinem schwarzen Schlachtross und seiner glänzenden Stahlrüstung in die Schlacht zieht. Und er trägt einen orangefarbenen Federbusch auf seinem Helm. Er ist ein tapferer Ritter. Er ist auf dem Höhepunkt seiner Jugend und Stärke. Und aus diesem Grund kann ich – und die Prinzessin auf dem Turm – ihn in einer erbitterten Schlacht glorreich fallen sehen, mit dem Tod in seinen Adern, und das Schlachtross ohne Reiter in die Nacht davonzieht. Und die Prinzessin blickt neidisch auf jemanden, der in die Schlacht ziehen und fallen kann.

Es gibt eine Szene mit einer jungen Frau, die in einem kleinen Raum bei schwachem Licht hart und beharrlich an einer exquisiten Handarbeit auf einem riesigen Leinenstück arbeitet. Ihre Schultern sind gebeugt, ihre Augen sind angestrengt, ihre Hände sind müde und ihre Nerven zerrüttet und schreien. Aber sie hört nicht mit ihrer Arbeit auf. Sie und ihre Arbeit sind wie eine Ameise, die eine Wüste Korn für Korn davonträgt, und wie ein unglücklicher Mensch, der eine Pyramide baut, und wie jemand, der alle Sterne zählt. Man weiß nicht, wem das Leinen gehört oder warum sie arbeitet oder ob sie dafür Geld bekommt. Aber man kann sicher sein, dass sie wahrlich ihre Belohnung erhalten wird. Solche Leute, die so in kleinen Räumen arbeiten und alle mit müden Nerven, erhalten immer ihre Belohnung. Und die Prinzessin auf dem Turm sah die Frau an, als wäre sie mit ihrem Leinen und ihrer Nadel die Glückliche.

Es gibt eine Szene, in der französisch-kanadische Frauen und Männer am frühen Sommernachmittag Heu schneiden und es zusammenharken. Der Tag ist so herrlich heiß und der Duft des Grases so süß, dass ein hohes rotes Schloss am Meer der trostloseste Ort von allen ist. Die Prinzessin schaut mit trostlosen violetten Augen aus ihrem Turm. Sie betrachtet den Ring an ihrem Zeigefinger – und mit ihr frage ich mich, warum nicht alle Menschen französisch-kanadische Frauen sind, die auf den Feldern Heu machen. Über ihren Köpfen liegt die Luft des grünen französisch-kanadischen Landes; unter ihren Füßen liegt das weiche französisch-kanadische Heu. Und sie haben Appetit auf ihr Essen.

Es gibt eine Szene, in der ein Kind im Schlamm unter einer grünen Weide spielt. Es hat einen großen Zinnlöffel, mit dem es große Schlammklumpen aufnimmt, und es nimmt die Klumpen mit beiden Händen, klopft sie und formt sie und legt sie in Reihen auf einen Kieselstein. Wasser fließt durch die Wiese in der Nähe, wo es sitzt, und es taucht es ebenfalls in den Löffel, um den Schlamm zu verdünnen. Die Reihen der Schlammkuchen auf dem Kieselstein sind sehr ordentlich und mit unendlicher Sorgfalt angeordnet. Die Prinzessin vergisst, das Kind und seine Schlammkuchen zu beneiden, so sehr interessiert sie sich auch an deren Herstellung. Ihr Gesicht und ihre violetten Augen nehmen sogar einen unbestimmten Ausdruck der Zufriedenheit an, weil sie sich mit so etwas Passendem in derselben Welt befindet.

Nachdem sie die Visionen lange betrachtet hat, wendet die Prinzessin ihren Blick von der dünnen Linie des Himmels ab und blickt hinab in das aufgewühlte, dunkle Wasser.

Alles in allem, sagt die Prinzessin, gibt es nichts Besseres als wildes, dunkles Wasser, das zu groß ist, um es zu messen, und das tausend Jahre lang haltbar ist und noch immer so gute Fische enthält, wie je zuvor. In seiner Güte hinterlässt es rosa Muscheln auf dem Sand und schickt wilde, pfeifende Stürme hinauf zu den Zinnen meines roten Schlosses, um für mich zu singen und mir viele Geschichten zu erzählen. Und es gibt wilde Winde, die in und auf den hohen Mauern und Höhlen entlang seiner zerklüfteten Küste wehen – und wenn ich nicht wüsste, dass es Winde sind, würde ich sie sicherlich für die Stimmen singender Seejungfrauen halten – hohe, dünne, durchdringende Stimmen, vermischt mit dem Klang langer, rauschender Wellen. Und es stößt düstere, einsame Schreie aus – ein Seetaucher ruft eine Meile entfernt im Nachtnebel und Wildgänse schnattern –, sodass ich weiß, dass es in und auf ihm Dinge gibt, die hundertmal wilder und einsamer sind als ich. Und es schickt gute Schiffe gegen diese großen Felsen und zerschmettert sie in Stücke, und Menschen gehen mit ihnen unter, um tausend Jahre lang in den Tiefen zu ruhen, sodass ich weiß, dass es die Menschen sehr liebt und sie braucht. An einem Vormittag im Juli lässt es mein Herz mit seinem fröhlichen, warmen Sonnenschein schmelzen und blendet meine Augen und erfüllt mich mit Trost – und ich weiß, dass das Leben eine sichere Sache ist. Wenn man alles sieht, sagt die Prinzessin, gibt es nichts Besseres.

So habe ich eine Vision von meiner Freundin Annabel Lee als Prinzessin in einem großen, roten Schloss am Meer.

Aber das ist auch nicht meine Freundin Annabel Lee. Denn sie ist noch faszinierender, und ihr Schloss ist noch größer und von einem noch intensiveren Rot – und vor allem ist sie sie selbst.

XIX
Die Kunst der Kontemplation

GESTERN saßen meine Freundin Annabel Lee und ich gemütlich an einem kleinen Tisch einander gegenüber und aßen unser Mittagessen. Sie war sehr hellhäutig und gutmütig – und wir hatten winzigen gegrillten Fisch, Tee mit Zitronenscheiben darin, Brot und grünen Salat, der mit Essig, Öl und rotem Pfeffer bestreut war, und zwei Krüge Bier.

„Essen ist eine wunderbare Sache, finden Sie nicht?", sagte ich.

„Eine der besten Erfindungen aller Zeiten", sagte meine Freundin Annabel Lee. „Haben Sie darüber nachgedacht, wie *viel* Leben verloren gehen würde, wenn es kein Essen gäbe und wir nicht dreimal am Tag essen müssten?"

„Ja, ich habe darüber nachgedacht", antwortete ich, „und es ist ein Vergnügen, das nie langweilig wird."

„Es ist so viel mehr als nur ein Vergnügen", sagte meine Freundin Annabel Lee. „Es ist eine Notwendigkeit und eine Kunst und eine Entspannung und eine Entlastung – und, meine Güte, es bringt einen auf die Ebene der Könige oder der Tiere, die zugrunde gehen."

„Ich habe mir vorgestellt", sagte meine Freundin Annabel Lee, „einen Tisch aus Kiefernholz, der dreimal täglich unter einer wunderschönen Eibe in einem fernen Land gedeckt wird. Die Eibe würde auf einer Weide stehen, auf der Vieh grast, und immer wenn ich am Kiefernholztisch säße und aß, würden die Kühe herumstehen und mir zuschauen. Manchmal gäbe es auf dem Kiefernholztisch Schwarzbrot und Honig; manchmal gäbe es Salz und Melonen; manchmal gäbe es Salat mit Essig und Pfeffer und Öl; manchmal gäbe es Vollkornbrot und Quark und Sahne in einer braunen Tonschüssel; manchmal gäbe es Walnüsse und Feigen; manchmal gäbe es zwei kleine gegrillte Fische; manchmal gäbe es Pfirsiche; manchmal gäbe es flache weiße Kekse und Quadrate aus brauner Fudgesoße; manchmal gäbe es Brot und Käse; manchmal gäbe es Oliven und schottische Fladenbrote; manchmal gäbe es eine blaue Delfter Kanne Schokolade und ein Ei; manchmal gäbe es Tee und Scones; manchmal gäbe es Pflaumenkuchen; manchmal gäbe es Brot und Radieschen; manchmal gab es Wein und Oliven, manchmal eine Erdbeertorte.

„Ich würde jenseits des Hügels wohnen, gegenüber der Eibe, und ich würde dort morgens um sieben Uhr, nachmittags um eins und abends um sieben Uhr essen. Und in der Zwischenzeit würde ich mit irgendeiner Arbeit beschäftigt sein, damit mein Essen so wäre, als hätte ich es verdient."

„Was für eine Arbeit würden Sie machen?“, fragte ich.

„Ich könnte feine Spitzen waschen“, sagte meine Freundin Annabel Lee, „und sie auf einem sonnigen Rasenstück auslegen, um sie zu bleichen und zu trocknen. Oder ich könnte Beeren pflücken und sie zum Markt bringen. Oder ich könnte in einem Hauseingang sitzen und Körbe flechten – ich würde wunderschöne kleine Körbe flechten. Oder ich könnte mich um einen kleinen Garten oder eine Gänseschar kümmern – um sie mit Körnern zu füttern und zu verhindern, dass sie weglaufen. ‚So viele Stunden muss ich meine Herde hüten, so viele Stunden muss ich mich vergnügen, so viele Stunden muss ich nachdenken‘ – all diese Dinge sollte ich tun, während ich meine Herde hüte, und ich sollte meine Herde gut hüten. Ich sollte all meine Arbeit gut machen, damit das Essen auf dem Kieferntisch unter der Eibe so schmeckt, als wäre es verdient.

„Aber wäre es nicht seltsam“, sagte meine Freundin Annabel Lee, während sie köstlich Salat und Fisch aß, „nachdem ich sechs oder sieben Monate lang so in einem Land gelebt hätte, in dem immer Sommer ist – oh, ich würde es unendlich leid werden! Und ich würde nicht nur des Gartens oder der Gänse oder der Körbe und des Kieferntischs unter der Eibe überdrüssig werden, sondern auch all dessen, was die schöne grüne Welt zu bieten hat. In den vielen Stunden, in denen ich darüber nachdachte, würde ich zu folgendem Schluss kommen: Es gibt nichts Besseres im Leben, als sich um einen Garten oder eine Gänseschar zu kümmern und dreimal täglich einen Hügel hinauf zu einer Eibe zu gehen, um zu essen – *nichts* , wenn ich meine Arbeit gewissenhaft verrichte. Wenn dann eines Morgens die graue Dämmerung anbricht und ich aufwache und ein Herzweh verspüre, wüsste ich, dass das Beste mich im Stich gelassen hat, und ich würde die enorme Müdigkeit in mir spüren. ‚Hast du mich entdeckt, oh, mein Feind!‘ würde mir immer wieder durch den Kopf gehen. Und den ganzen Tag lang würde mir das Hüten der Herden schwerfallen, und die Äpfel auf dem Kieferntisch unter der Eibe würden in meinem Mund zu Staub zerfallen.“

Meine Freundin Annabel Lee legte ihre kleine silberne Gabel nieder, legte ihre Hände auf ihrem Knie übereinander und saß schweigend da.

Oh, sie war eine wunderschöne, brillante Person, die dort saß! Während ich sie beobachtete, fragte ich mich benommen, wie viel von dem goldenen Sonnenschein des Tages sie für mich wettmachte und wie viel verschwinden würde, wenn sie verschwand.

Bald darauf begann sie wieder zu sprechen.

„Viel hängt davon ab“, sagte meine Freundin Annabel Lee, „wie viel Kontemplation man in seinem Lebensstil betreibt und wie die

Kontemplation verläuft. Kontemplation ist eine Sache, die viel Unheil anrichtet. Aber ich wage zu behaupten, dass sie, wenn sie als Kunst perfektioniert ist, eine seltene gute Sache und ein ordentlicher, gehorsamer Diener ist und genau weiß, wann sie in den Geist eindringen und wann sie ihn verlassen muss. Und wer sie auf diese Weise in einen Zustand der Perfektion gebracht hat, ist ein äußerst glücklicher Besitzer und muss tapfer durch die Welt gehen.

„Vielleicht sollte man jetzt", sagte meine Freundin Annabel Lee, „wenn man eine Gänsemagd ist und an einem Kieferntisch unter einer grünen Eibe isst, nur Könige in vergoldeten Palästen betrachten. Man sollte vielleicht am Anfang des Lebens eines Königs beginnen und ihm Schritt für Schritt durch Schwere und Streit folgen, bis man in seiner lebhaften Gänsemagd-Fantasie den König schließlich wankend und weißhaarig und verlassen seinem einsamen Grab entgegengehen sieht.

„Oder man sollte über das Leben eines Arbeiters nachdenken, der sein Leben lang Hülsenfrüchte essen muss und seines Lohnes nicht wert ist, dem es immer schlechter geht und der zum Bettler wird.

„Oder man sollte sich das Leben eines süßen Mädchens vorstellen, dessen Leben ein schöner, runder Rosengarten ist, dessen Dornen sicher verborgen und dessen Stängel beschnitten sind und so weiter. Und man sollte ihr ebenso Schritt für Schritt bis zu ihrem Grab folgen oder, wenn man so will, bis zum Höhepunkt allen Glücks und Erfolgs.

„Denn die Idee ist, dass man, wenn man eine Gänsemagd ist, bei all seinen Betrachtungen über alles und jedes nachdenken sollte, außer über das Sein und den Zustand einer Gänsemagd.

„Aber eine noch bessere Idee", sagte meine Freundin Annabel Lee, „wäre, überhaupt nicht nachzudenken, wissen Sie, sondern die Radieschen und andere Dinge unter der Eibe zu essen und sich zu freuen.

„Jedenfalls", sagte meine Freundin Annabel Lee, „müssen wir uns *jetzt keine Gedanken mehr darüber machen* – mit diesen beiden kleinen Fischen und diesen grünen, frischen Blättern."

Sie nahm ihre kleine silberne Gabel wieder auf und begann, Salat zu essen.

Und dann hoben wir beide unsere Krüge mit dem guten Bier und stießen auf das an, was eine noch bessere Idee war.

XX
ÜBER DEN KLEINEN WILLY KAATENSTEIN

ich meiner Freundin Annabel Lee die groben Fakten eines Falls dargelegt und sie gebeten, daraus eine Geschichte zu machen und sie mir zu erzählen.

Meine Freundin Annabel Lee hat mir eine kleine Geschichte erzählt, die mir in gewisser Weise auch in Takt und Rhythmus durch den Kopf geht.

„Vor nicht allzu langer Zeit", sagte meine Freundin Annabel Lee, „lebte in einer Stadt in Montana in einer ruhigen Straße eine Familie jener Art von Menschen, die man als jüdisch bezeichnet. Und es ist so kurz her, dass sie noch dort sind.

„Ihr Name war Kaatenstein.

„Da waren Frau Kaatenstein und Herr Kaatenstein und die vier kleinen Kinder, Harry Kaatenstein und Leah Kaatenstein und Jenny Kaatenstein und der kleine Willy Kaatenstein.

„Und da war das angeheuerte Mädchen, das Emma hieß.

„Und da war Onkel Will, Frau Kaatensteins Bruder, der bei ihnen lebte.

„Frau Kaatenstein war klein und dunkelhaarig und manchmal ziemlich mürrisch. Mit Hilfe des Dienstmädchens lagerte sie immer zur richtigen Zeit Obst ein, und in der Küche war es dann sehr warm.

„Und Herr Kaatenstein war auch dunkel, aber ein großer, schlanker Mann und war freundlich und hatte die Kinder gern, besonders die beiden kleinen Mädchen. Frau Kaatenstein mochte die Kinder auch gern, aber am liebsten mochte sie die beiden Jungen.

„Und Harry Kaatenstein war seiner Mutter sehr ähnlich, nur war er nicht so dunkel und er war zehn Jahre alt.

„Und Leah Kaatenstein war auch zehn Jahre alt – die beiden waren Zwillinge – und sie hatte ein Auge für strenge Sparsamkeit und trug schlichte Gingham-Kleider und hatte einen langen dunklen Haarzopf und spielte mit sehr schlichten Puppen.

„Und Jenny Kaatenstein war sieben Jahre alt und war ungewöhnlich dick und wurde selten ohne ein Stück ungesäuertes Brot in der Hand gesehen – denn die Kinder durften so viel ungesäuertes Brot haben, wie sie wollten. Sie wollten nicht viel davon, außer Jenny. Und sie alle aßen lieber gesäuertes Brot, das mit Butter bestrichen und mit Zucker bestreut war – aber davon konnten sie nicht so viel haben, wie sie wollten.

„Und der kleine Willy Kaatenstein war erst vier und sprach alle seine Wörter richtig aus und schien manchmal die Weisheit einer Schlange zu besitzen. Er hatte sehr lockiges Haar, und es schien ein ungeschriebenes Gesetz zu sein, dass, wenn eine erwachsene Dame vorbeikam und die Kinder auf dem Gehweg vor ihrem Haus spielen sah, sie stehen bleiben und ausrufen musste, was für ein hübscher Junge der kleine Willy war, und ihn um eine seiner Locken bitten musste. Daraufhin starrte der kleine Willy der erwachsenen Dame auf höchst beunruhigende Weise ins Gesicht und bat sie vielleicht um eine ihrer *Locken* . Oder wenn der Lebensmittelhändler oder der Metzger auf dem Weg in die Küche anhielt und den kleinen Willy fragte, wie er hieße und wie alt er sei, antwortete der kleine Willy überraschend schnell und fragte den Lebensmittelhändler oder den Metzger direkt, wie *er* hieße und wie alt *er sei* .

„Und Emma, das Dienstmädchen, war grobknochig und hatte große Fäuste und war schrecklich kaltblütig und gefühllos. Und sie hatte eine Schwester, die sie besuchte und in der heißen Küche saß und redete, während Emma Kartoffeln schälte oder den Boden schrubbte. Der Name der Schwester war Juley, und sie brachte den Kindern manchmal seltsame grüne Bonbons mit, die ihre Mutter ihnen nie erlaubte zu essen. Und manchmal brachte Juley ihnen Kaugummi mit, den sie nicht kauen durften.

„Und Onkel Will war ein kleiner, kräftiger Mann mit einem Gesicht, das fast immer rot war. Er schien Bier zu mögen. Im Keller, der Onkel Will gehörte, standen viele Kisten Bier. Und es gab Kisten voller Bierflaschen, die alle geleert worden waren, und die Kinder hätten die Flaschen gern verkauft, aber es war ihnen nicht erlaubt, Flaschen zu verkaufen. Onkel Will mochte auch den kleinen Willy, und an Sommerabenden, wenn er und Mr. Kaatenstein zu Hause waren und nachdem sie zu Abend gegessen hatten, konnte man Onkel Will mit seiner heiseren, scherzhaften Stimme den kleinen Willy einladen hören, zu ihm zu kommen und ein Glas Bier zu trinken. Und wenn der kleine Willy mit seinen kurzen Locken und seinem kleinen weißen Anzug kam und nur ein bisschen Bier probierte, den Mund verzog und ein paar vergebliche Tränen über die Bitterkeit vergoss, lachte Onkel Will sehr herzlich und wirklich fröhlich.

„Frau Kaatenstein hatte sehr viele Enten und Gänse im Hinterhof und verbrachte vormittags viel Zeit mit ihnen, mästete sie zum Essen und kümmerte sich um sie. Deshalb spielten die Kinder vormittags nie dort.

„Es gab viele Dinge, die die Kinder der Kaatensteins nicht tun durften – die Dinge, die sie tun durften, waren im Vergleich dazu nichts, und die Dinge, die sie tun durften, waren ihnen größtenteils egal.

„Jeder von ihnen hatte eine quadratische Eisenbank, in der sich jede Menge Silbervierteldollar, Zehncentstücke, Halbdollar, Fünfcentstücke und auch Goldstücke befanden, denn sie waren eine jüdische Familie. Ihr Vater und ihr Onkel Will warfen von Zeit zu Zeit Münzen in die kleinen Schlitze oben in den Spardosen, und Freunde der Familie spendeten ebenfalls freundlicherweise etwas, und ihre Onkel und Tanten schickten zu diesem Zweck Geld aus Cincinnati. In diesen Spardosen gab es also Reichtum, aber die Kinder durften nichts davon haben. Und sie bekamen nie Geld, ‚um es zum Kaufen wegzuwerfen', wie ihre Mutter sagte, außer ab und zu einem Fünfcentstück – ein Fünfcentstück für alle vier.

„Und es gab Spielsachen, die ihr Vater und ihre Mutter und Onkel Will für sie gekauft hatten, und andere, die von den Onkeln und Tanten in Cincinnati geschickt wurden, aber sie durften nie damit spielen. Die Spielsachen wurden in einer großen Kommode aus schwarzem Walnussholz im Schlafzimmer ihrer Mutter aufbewahrt. Es gab ein kleines, klimperndes Klavier, das Leah Kaatensteins Tante Barbara ihr geschickt hatte oder das ihren Eltern als Treuhand für sie geschickt worden war. Und es gab eine kleine Lokomotive, die auf Schienen lief und die einst Harry Kaatenstein geschenkt worden war. Und es gab eine riesige Wachspuppe, die Jenny Kaatenstein zugefallen war. Und der kleine Willy Kaatenstein war der angebliche Besitzer eines kleinen mechanischen Zirkus mit winzigen hölzernen Akrobaten und Pferden und einer Spieldose unter der Plattform. Und es gab andere Spielsachen aller Art; denn die Verwandten in Cincinnati waren verschwenderisch gewesen. Aber die Kinder durften sie nicht benutzen, also dümpelten sie in der Kommode aus schwarzem Walnussholz vor sich hin.

„Und Harry Kaatenstein hatte eine schöne goldene Uhr, die ihm seine Mutter geschenkt hatte, aber er durfte sie nicht tragen oder auch nur ansehen. Sie wurde in einem Schmuckkästchen in ihrem Schlafzimmer aufbewahrt.

„Und Leah Kaatenstein hatte eine schöne goldene Uhr, die ihre Großmutter aus Cincinnati ihr geschickt hatte, aber sie durfte sie nicht tragen oder auch nur ansehen. Sie wurde im Schmuckkästchen ihrer Mutter aufbewahrt.

„Und Jenny Kaatenstein hatte eine schöne goldene Uhr, die ihre Tante Rebecca ihr geschickt hatte, aber sie durfte sie nicht tragen oder auch nur ansehen. Sie wurde im Schmuckkästchen ihrer Mutter aufbewahrt.

„Und der kleine Willy Kaatenstein hatte eine schöne goldene Uhr, die Onkel Will ihm gekauft hatte – und Onkel Will, der im Haus eine privilegierte Persönlichkeit war, nahm manchmal die Uhr des kleinen Willy aus Mrs. Kaatensteins Schmuckkästchen und gab sie dem kleinen Willy, damit er sie abends trug, wenn die Familie im Esszimmer versammelt war. Und Onkel Will trank sein Bier und fragte den kleinen Willy, wie spät es sei. Aber bevor Mrs. Kaatenstein den kleinen Willy ins Bett brachte, legte sie die Uhr sorgfältig wieder in das Schmuckkästchen.

„Die Kinder besaßen eine Menge solcher Besitztümer, aber womit sie wirklich spielten, war ein kleiner, stark ramponierter Wagen, den sie im Laufe eines Tages auf vielerlei Weise benutzten. Manchmal war er eine Feuerwehrspritze, manchmal ein Schlauchwagen, manchmal ein Auto, manchmal eine Kutsche, manchmal ein Krankenwagen und manchmal ein Gokart für Leah Kaatensteins schmucke Puppen (die ihr durch einen seltsamen Zufall gehörten und mit denen sie machen konnte, was sie wollte – sie waren nicht besonders wertvoll), manchmal ein Streifenwagen und manchmal ein Wasserwagen. Sie hatten auch einen kleinen Schaukelstuhl, mit dem sie auf der Veranda ‚Vater-Mutter-Kind' spielten. Sowohl der Stuhl als auch der Wagen waren stark abgenutzt und sahen höchst erbärmlich aus. Die Kinder wurden es oft leid, immer mit diesen beiden Dingen zu spielen, und sehnten sich nach anderen Vergnügungen. Manchmal ließ sich Leah Kaatenstein mit ihren heimeligen Puppen auf dem Schoß in den Schaukelstuhl sinken und sprach ernsthaft mit ihnen, erzählte ihnen viele Dinge, die ihnen ihr ganzes Leben lang von Nutzen sein würden, und brachte ihnen strenge Sparsamkeitsregeln bei. Und manchmal saß Harry Kaatenstein mit der Düse des langen Gummischlauchs, der an dem Wasserhahn an der Seite des Hauses befestigt war und mit dem Mr. Kaatenstein oder Onkel Will abends den Rasen wässerten, auf der untersten Stufe der Veranda. Die Kinder durften den Rasen nicht wässern, aber normalerweise tropfte genug Wasser aus dem Schlauch, damit Harry Kaatenstein kleine Strudel auf den Stufen erzeugen konnte, was er auch tat und dabei das Leben von Käfern verschiedenster Art kostete. Und manchmal saß Jenny Kaatenstein mit ihrem unvermeidlichen Stück ungesäuertem Brot auf der obersten Stufe, mondgesichtig und dicklich, und ruhte sich von ihrer Arbeit aus. Und manchmal kletterte der kleine Willy Kaatenstein hinauf, setzte sich auf den Pfosten am Fuß der Veranda und trat heftig mit den Fersen dagegen. Er saß oft strampelnd da, wie man deutlich an den Dellen im Pfosten erkennen konnte.

„An einem warmen Tag schmachteten die Kaatenstein-Kinder so dahin, nachdem sie wild mit dem Wagen gespielt hatten, und Emma bügelte in der Küche. Ihre Mutter war den Nachmittag über weg, und die Kinder hatten ein wunderbares Gefühl der Freiheit, selbst mit der grimmigen, großfäustigen Emma als Aufseherin. Nur wünschten sie sich, sie hätten einen Nickel. Harry Kaatenstein sagte, wenn sie einen Nickel hätten, sollte er auf jeden Fall zu Grove's gehen, anderthalb Blocks entfernt, und ein paar braune und weiße Kekse kaufen. Daraufhin schmatzten der kleine Willy Kaatenstein und Jenny Kaatenstein – ganz besonders Jenny Kaatenstein – mit den Lippen, und Leah Kaatenstein seufzte und bemerkte, dass Harrys Extravaganz sehr entmutigend sei.

„Und dann kam Emma, das ist wunderbar zu erzählen, aus der Küche um die Ecke, mit vier dicken, leicht mit Zucker bestreuten Butterbrotscheiben, und die Kinder schauten sehr gespannt in ihre Richtung. Jenny Kaatenstein ließ ihr Stück ungesäuertes Brot fallen und wollte Emma halb entgegengehen, überlegte es sich aber anders, da sie Emmas Art kannte. Emma verteilte die Brotscheiben, befestigte die Mütze des kleinen Willy Kaatenstein mit dem Gummiband unter seinem Kinn fester und sagte den Kindern, wenn sie wüssten, was gut für sie sei, würden sie keinen Unfug anstellen, solange *sie* auf sie aufpasste. Dann widmete sie sich wieder ihrer Bügelarbeit.

„Die Kinder freuten sich über ihr Butterbrot und ließen ihrer Fantasie freien Lauf.

„‚Mein täglich Brot ist Himbeereis', sagte Harry Kaatenstein.

„ *Mein* Brot und meine Butter ist *Schokoladeneis* ", sagte Leah Kaatenstein immer freundlicher.

„ *Mein* täglich Brot ist *Vanilleeis* ", sagte Jenny Kaatenstein.

„Aber der kleine Willy Kaatenstein sagte kein Wort, denn sein Brot schien ihm *als* Brot sehr gut zu sein.

„Ihr Brot und ihre Butter haben ihnen irgendwie neues Leben eingehaucht und ihnen die Tatsache bewusst gemacht, dass ihre Mutter den Nachmittag über weg war. Schließlich hatten sie vor niemandem Angst, außer vor ihrer Mutter, und da sie weg war, sollten sie das Leben nicht einmal genießen?

„Als sie mit dem Essen fertig waren, hatten sie eine brillante Idee.

„‚Ich werde einen Nickel aus meiner Bank schütteln', sagte Harry Kaatenstein.

„ *Ich* werde einen Nickel aus *meiner* Bank schütteln", sagte Leah Kaatenstein in überraschender Überschwänglichkeit.

„ *Ich werde* einen Nickel aus *meiner* Bank schütteln", sagte Jenny Kaatenstein.

„Und der kleine Willy Kaatenstein sagte kein Wort, sondern rannte bei der ersten Ahnung der Idee sofort ins Esszimmer, wo die vier Spardosen auf dem Kaminsims standen, rückte einen Stuhl heran und holte seine eigene grüne Spardose herunter. Und dann schob er das kleine Stück Eisen zurück, das direkt unter dem Schlitz oben in der Spardose steckte, und schüttelte, schüttelte, schüttelte, ganz leise, und siehe da, kein Nickel, sondern eine Fünfdollar-Goldmünze rollte auf den Boden!

„Und dann stürmten Harry Kaatenstein und Leah Kaatenstein und Jenny Kaatenstein herein und besetzten ihre Banken und begannen zu rütteln, zu rütteln, mit lautem *Klirren* , *Klirren* von Silber und Gold gegen Eisen – denn war ihre Mutter nicht weit weg von ihnen? – während der kleine Willy Kaatenstein mit seinem Goldstück fest in der Hand daneben stand. Sogar sein jugendlicher Verstand kannte seinen unglaublichen Wert und er hielt es für klug, seinen Schatz Leah Kaatensteins entsetztem Blick nicht zu offenbaren.

„‚Ich gehe runter zu Grove's und kaufe mir von meinem Fünfcentstück Gummibärchen', sagte Harry Kaatenstein und klopfte und schüttelte, aber es kam kein Fünfcentstück heraus, weil er den kleinen Eisenschieber vergessen hatte, der nur ab und zu und nie zum richtigen Zeitpunkt unter dem Schlitz hervorfiel.

„‚ *Ich gehe runter zu Grove's und kaufe mir von meinen fünf Cent* eine lange Lakritzpfeife ', sagte Leah Kaatenstein – eine lange Lakritzpfeife war das Allerbeste, was sie für ihr Geld bekommen konnte – und schüttelte und hämmerte ebenfalls vergeblich, denn auch sie hatte den kleinen Eisenschieber vergessen.

„‚ *Ich* gehe runter zu Grove's und kaufe mir von *meinen* Fünfcentstücken ein paar Kekse', sagte Jenny Kaatenstein, die ebenfalls hämmerte und zitterte und dabei die kleine Eisenrutsche vergaß.

„Und der kleine Willy Kaatenstein sagte kein Wort, aber als er gelernt hatte, was er mit seinem Geld kaufen konnte, rannte er aus der Haustür und die Straße hinunter zu Grove's an der Ecke.

„Als Harry Kaatenstein, Leah Kaatenstein und Jenny Kaatenstein an die Abwesenheit ihrer Mutter dachten und sich darüber freuten, vergaßen sie gleichzeitig, an die gefährliche Nähe von Emma zu denken und sie zu fürchten, die in der Küche bügelte – da die Küche neben dem Esszimmer lag.

„Plötzlich, während sie mitten in ihrer Arbeit steckten und zitternd und hämmernd um ihr Leben kämpften, ohne etwas anderes zu bemerken, wurde die Tür zur Küche mit bedrohlicher Stille aufgestoßen und Emmas Kopf erschien. Es war schon immer ein unscheinbarer Kopf, und in diesem Moment sah er gefährlich aus.

„Harry Kaatenstein, Leah Kaatenstein und Jenny Kaatenstein nahmen diese Vision sofort wahr, und auf den Lärm folgte eine entsetzliche Stille wie in einem Grab.

„‚Das ist also, was ihr vorhabt, ihr jungen Gliedmaßen!', sagte Emma, stürzte sich herab und stürzte sich auf sie, bevor sie entkommen konnten, obwohl sie mit sehr beachtlicher Geschwindigkeit zur Tür gegangen waren. Emma hielt sie mit einer Hand fest, während sie mit der anderen die Bänke hochhob. Sie machte in unüberlegten Worten Bemerkungen über den Zustand des gewachsten Esszimmerbodens, über die bösartigen Eigenschaften einiger Kinder, die sie namentlich erwähnte, darüber, was mit ihnen geschehen würde, wenn ihre Mutter nach Hause käme, und darüber, was ihnen sofort passieren würde.

„Und sie führte sie nach oben in das Schlafzimmer ihrer Mutter, schüttelte sie gut, schloss sie ein und ging nach unten, wobei sie den Schlüssel bei sich trug.

„In der Zwischenzeit war der kleine Willy Kaatenstein zu seinem interessanten Auftrag bei Grove's an der Ecke gegangen.

„Er ging in den Laden und blieb vor einer glitzernden Glasvitrine voller Sachen stehen.

„‚Und was darf es heute für Meister Kaatenstein sein?‘, sagte der Mann hinter der glitzernden Vitrine.

„‚Ich möchte Gummibärchen und Lakritzpfeifen und Kekse – und ein paar Wassermelonen‘, sagte der kleine Willy Kaatenstein und legte die glänzende Goldmünze vor die erstaunten Augen des Lebensmittelhändlers, denn der Lebensmittelhändler hatte erwartet, den gelegentlichen Nickel von Kaatenstein zu sehen – nicht mehr und nicht weniger.

„‚Gehört das Ihnen, Meister Kaatenstein?‘, sagte der Lebensmittelhändler und beäugte die Münze misstrauisch.

„‚Natürlich gehört es mir‘, sagte der kleine Willy Kaatenstein ungeduldig. ‚Und ich will die Sachen sofort haben.‘

„‚Nun, ich denke, es ist in Ordnung, mein Junge‘, sagte der Lebensmittelhändler. ‚Wenn nicht, wird *einer* von uns darunter leiden müssen, schätze ich. Also, was wolltest du noch?‘

„Der kleine Willy Kaatenstein wiederholte seine Bestellung und fügte weitere Artikel hinzu.

„‚Nun, Master Kaatenstein‘, sagte der Lebensmittelhändler, ‚das werden Sie nie alles tragen können. Das wird einen Haufen Zeug ergeben. Laufen Sie lieber zurück und holen Sie Ihren kleinen Wagen‘ – denn er kannte den Kaatenstein-Wagen, da er oft ein Stück Zucker oder einen Sack Salz oder drei Dosen mit irgendetwas hineingelegt hatte, je nach Mrs. Kaatensteins Befehl – damit die Kinder ihn nach Hause ziehen konnten.

„Also rannte der kleine Willy Kaatenstein zurück und holte den kleinen Wagen aus dem Vorgarten, und der Mann lud die Sachen hinein. ‚Wir gehen wohl zu einem Picknick', bemerkte er.

„Es gab wirklich einen Haufen Zeug. Es gab lange Lakritzpfeifen im Wagen, genug, um den Appetit der vier Kaatensteins für viele Tage zu stillen, und die Namen der Gummibonbons waren Legion. Und es gab zwei Wassermelonen und Kekse, genug, um sogar Jenny Kaatensteins unbändigen Appetit zu stillen. Außerdem gab es Nüsse und einige übelkeitserregend aussehende Kuchen und sehr viele kleine Hunde und Katzen und Elefanten aus einer sehr zähen Art von Bonbon, die alle Kaatenstein-Kinder absolut köstlich fanden. Außerdem gab es Feigen in Schachteln und Schokolinsen und rote und weiße Bonbonstäbchen, mit Pfefferminzgeschmack, der einem das Wasser im Mund zusammenlaufen ließ. Und all diese Dinge waren in überraschenden Mengen vorhanden und bildeten eine so schwere Last, dass der kleine Willy Kaatenstein Mühe hatte, sie die Straße hinaufzuziehen. Aber der kleine Willy Kaatenstein hatte starke kleine Arme, und er und der Wagen kamen langsam und sicher zurück zum Haus der Kaatensteins. Der Lebensmittelhändler stand vor seinem Laden und blickte dem Jungen, seinem Wagen und dessen Inhalt mit einem verwirrten und etwas zweifelnden Lächeln nach.

„Der kleine Willy Kaatenstein ging mit dem Wagen in seinen Vorgarten und um das Haus herum nach hinten auf die Seite, wo die Küchentür nicht war. Er zog den Wagen leise an das andere Ende des Hinterhofs und öffnete das Tor des Lattenpferchs, in dem Frau Kaatensteins Enten und Gänse gehalten wurden. Er zog den Wagen hinein und wieder zurück hinter den Entenstall und ließ ihn stehen.

„Dann schloss der kleine Willy Kaatenstein das Lattentor und rannte los, um Harry Kaatenstein, Leah Kaatenstein und Jenny Kaatenstein zu suchen und sie zum Fest einzuladen.

„Aber sie waren nirgends zu finden. Er suchte im Haus und draußen herum, aber es gab keine Spur von ihnen, und aus irgendeinem Grund wollte er Emma keine Fragen zu ihrem Verbleib stellen.

„Nachdem er also so viel nach seinen Verwandten gesucht hatte, wie er für richtig hielt, blieb dem kleinen Willy Kaatenstein nichts anderes übrig, als auf die Landstraßen hinauszugehen und die Lahmen, die Hinkenden und die Blinden zu rufen. Also schlüpfte er durch den Zaun und ging zurück in die Gasse zum Haus direkt hinter seinem eigenen, um Bill und Katy Kelly zu suchen, zwei irische Freunde der Kaatenstein-Kinder – mit denen sie nicht spielen durften. Bill und Katy Kelly waren zwar weder lahm noch hinkend noch blind, sondern sehr gesund an Gliedmaßen und Körperbau und reagierten äußerst positiv auf die Einladung des kleinen Willy Kaatenstein, zum Fest zu kommen. Feste waren Dinge, an denen Bill und Katy Kelly schwelgten – wenn sie Gelegenheit dazu hatten.

„Also eilten sie in Begleitung des kleinen Willy Kaatenstein – er mit seinen Locken und seinem weißen Anzug, die beiden in sehr schmuddeliger Kleidung – durch den Zaun zum Fest. Sie erreichten den Entenhof, ohne von Emma, der Erzfeindin, gesehen zu werden, und fanden den kleinen Wagen unversehrt vor, und die Enten und Gänse starrten und spähten und reckten ihre Hälse voller Neugierde nach ihm und seinem Inhalt.

„Die Neugier der Hühner muss sich in Erstaunen verwandelt haben, als sie den Angriff auf den Wagen und die merkwürdigen Veränderungen beim Fressen sahen, die anschließend vorgenommen wurden.

„Wie Bill und Katy Kelly gegessen und wie sie geschlemmt haben! Und der kleine Willy Kaatenstein watete buchstäblich in Gummibonbons und langen Lakritzpfeifen. Sie begannen das Festmahl mit Kuchen; vom Kuchen gingen sie zu Feigen über; von Feigen gingen sie zu den zähen kleinen Tieren über; und von diesen zu Keksen; und von Keksen zu langen Lakritzpfeifen. Dann hörten sie nacheinander auf zu essen und gingen das ganze Festmahl aufs Geratewohl an.

„Sie haben mehrere Minuten lang schnell und wild gegessen.

„Dann ließ die erste Begeisterung des Festes nach, und der kleine Willy Kaatenstein schien nicht nur an Festen, sondern auch an der Welt im Allgemeinen jegliches Interesse zu verlieren. Er lehnte sich auf einer Kiste zurück, in der eine Ente auf zwölf Eiern lag, und blickte mit der Miene eines Menschen, der irgendwie seine Perspektive verloren hat, auf den Boden.

„Bill und Katy Kelly aßen noch, aber anscheinend mehr aus Pflichtgefühl als aus Appetit, und bald wurde ihr Essen unzusammenhängend und sie fingen an, Reste des Festmahls den Hühnern zuzuwerfen. Diese beäugten das außergewöhnliche Essen, das ihnen so üppig serviert wurde, zunächst misstrauisch – aber schließlich stürzten sie sich wie verrückt darauf, als ob auch sie Festmahle liebten.

„Das Gesicht von Frau Kaatenstein muss eine Augenweide gewesen sein, wenn sie gesehen hätte, wie ihre geliebten Enten und Gänse sich den Kropf mit Lakritzpfeifen und Gummibärchen vollstopften.

„Aber Frau Kaatenstein war den Nachmittag über unterwegs.

„Während diese Dinge in ihrem Entenhof geschahen, spielten sich oben in ihrem Schlafzimmer nicht weniger interessante Dinge ab, wo Harry Kaatenstein, Leah Kaatenstein und Jenny Kaatenstein Emmas Gefangene waren.

„Zuerst saßen sie bloß auf dem Fenstersitz und besprachen die verschiedenen unschönen Dinge, die Emma ihrer Meinung nach widerfahren sollten. Nachdem sie diese großzügig proportionierte Dame gehängt, ausgeweidet und gevierteilt hatten, bis sie nicht mehr konnten, ging es ihnen besser. Dann sahen sie sich auf der Suche nach Unterhaltung im Zimmer ihrer Mutter um, mit dem Ergebnis, dass die Kommode aus schwarzem Walnussholz, die die Spielsachen enthielt, mit denen sie nicht spielen durften, ihre Schätze preisgeben musste. Der Fußboden in Mrs. Kaatensteins Schlafzimmer bot ein kunterbuntes Bild. Jenny Kaatenstein vergaß sogar ihr Stück ungesäuertes Brot in ihrer Aufregung darüber, dass sie tatsächlich ihre eigene riesige Wachspuppe auf dem Schoß hielt. Und der Zirkus und die Dampfmaschine und das klingelnde Klavier und die Teeservices und die bellenden Hunde und die Bilderbücher und die vielen anderen Dinge wurden endlich für die Zwecke verwendet, für die sie bestimmt waren. Und sie gingen sogar zum Schmuckkästchen und holten ihre Uhren heraus.

„Aber Harry Kaatenstein, Leah Kaatenstein und Jenny Kaatenstein waren zwar angenehm aufgeregt, aber dennoch sehr unruhig. Sie wussten, dass sie die Bezahlung für das Tagesgeschäft noch leisten mussten .——

„Der Rest der Geschichte ist offensichtlich genug“, sagte meine Freundin Annabel Lee, lachte sanft und änderte ihren Tonfall.

„Aber bitte erzählen Sie es“, sagte ich voller Eifer.

„Also gut“, sagte meine Freundin Annabel Lee:

„Der Nachmittag neigte sich dem Ende zu und Frau Kaatenstein kam nach Hause. Sie hörte ungewöhnliche Geräusche in ihrem geliebten Entenhof und floh dorthin, so schnell es ihre stattlichen Proportionen erlaubten.

„Ihre Augen boten sich einem Anblick, der sie in den Wahnsinn trieb.

„Sie sahen den kleinen Willy Kaatenstein, der ausgesprochen blass und aufgedunsen aussah, schwach auf einer Kiste sitzen, in der sich eine Brutente befand – und die beiden widerwärtigen Kelly-Kinder fütterten in diesem Moment gerade ihre beste Gans mit Gummibonbons. Überall im einst so ordentlichen Entenhof lag Müll in erschreckender Vielfalt verstreut, und ein halbes Dutzend ihrer winzigen Entenküken war mit einer scheußlichen Wassermelone beschäftigt. Sicherlich konnte niemand außer diesen jungen Iren so viel Müll hereingebracht haben. Bill und Katy Kelly brauchten nicht lange, um zu begreifen, dass sie dort nicht erwünscht waren. Mrs. Kaatenstein stillte für den Moment ihre Vorliebe für Feste. Als sie gingen, befahl sie ihnen, ihre schäbigen Habseligkeiten mitzunehmen, was sie bereitwillig taten – so viel davon, wie sie tragen konnten. Sie warfen dem kleinen Willy Kaatenstein einen besorgten Blick zu – aber das Gesicht des kleinen Willy Kaatenstein war nur blass, aufgedunsen und sehr passiv.

Nachdem sie die Kellys auseinandergetrieben hatte, führte Mrs. Kaatenstein ihren Sohn ins Haus und blieb in der Küche stehen, um Emma zu fragen, warum sie solche Dinge zuließ, und befahl ihr, sofort loszugehen und den Entenhof auszumisten. Emma gehorchte, gab Mrs. Kaatenstein zuerst den Schlafzimmerschlüssel und erklärte, dass sie ihn selbst besaß.

„Dann ging Frau Kaatenstein, nachdem sie Willy Kaatensteins armen kleinen Bauch behandelt und ihn ordentlich auf ein Sofa in einem kühlen, dunklen Raum gelegt hatte, in ihr eigenes Zimmer, aus dem ungewöhnliche Geräusche kamen. Als sie die Tür aufschloss und öffnete, überwältigte sie ein Anblick, wie sie ihn in den letzten Jahren nicht erlebt hatte.

„Die kurze Totenstille, die auf ihr Erscheinen auf der Schwelle folgte, wurde nur noch durch das fröhliche Gebimmel des lustigen kleinen Zirkus unterstrichen, der aufgezogen worden war und nicht aufhören wollte, selbst unter dem dunklen Einfluss der bevorstehenden Tragödie.——

„Nun“, sagte meine Freundin Annabel Lee, „um den Fall von Harry Kaatenstein, Leah Kaatenstein und Jenny Kaatenstein kümmerte sich ihre Mutter. Sie verprügelte sie alle gründlich und schickte sie ins Bett.

„Aber der kleine Willy Kaatenstein sah weder im Geringsten blass noch aufgedunsen aus. Er saß an diesem Abend nach dem Essen auf Onkel Wills Schoß, trug seine eigene schöne goldene Uhr aus dem Schmuckkästchen und wurde ständig auf ein Glas Bier eingeladen.

„Aber in der Küche erzählte Emma Juley, dass sie zwar früher viel von dem kleinen Willy Kaatenstein gehalten hatte, ihn jetzt aber ehrlich für den Allerschlimmsten von den vieren hielt.——

„Diese Geschichte“, sagte meine Freundin Annabel Lee, „war sehr ermüdend. Du solltest mich nicht bitten, dir Geschichten zu erzählen.“

„Es tut mir leid, wenn es Sie ermüdet hat“, sagte ich. „Aber die Geschichte war absolut faszinierend. Sie war *genau* wie die Kaatensteins. Und Sie, die Sie eine Geschichte der Kaatensteins erzählen, sind auf eine zarte, oh, zarte Weise unpassend!“

„Waren *Sie* jemals auf einem Fest im Kaatenstein-Entenhof?“, sagte meine Freundin Annabel Lee.

„Ja, das stimmt“, sagte ich, „zusammen mit Bill und Katy Kelly, im Alter von elf Jahren. Und ich habe jedes Spielzeug in der Kommode aus schwarzem Walnussholz gesehen.“

„Und was würden Sie bevorzugen“, sagte meine Freundin Annabel Lee, „mit elf Jahren bei einem Fest mit den Kaatensteins oder hier und jetzt mit mir?“

„Letztendlich", sagte ich, „bin ich jetzt mit Abstand hier bei dir."

„Das ist sehr nett von Ihnen", sagte meine Freundin Annabel Lee und sah mich mit ihren violetten Augen an.

XXI
Ein Band der Sympathie

Nachdem sie mir Geschichten erzählt hatte, verlangte meine Freundin Annabel Lee, dass ich ein paar Verse schreibe und sie ihr vorlese.

Meine Verse sind ziemlich schlechte Verse, und das habe ich ihr auch gesagt. Sie antwortete, dass die Tatsache, dass sie schlecht seien, nicht viel mit der Sache zu tun habe, denn die meisten Verse seien ohnehin schlecht, und normalerweise gelte es, je schlechter sie seien, desto besser passten sie zum Leser.

Sie war in dieser Stimmung.

Also schrieb ich ein paar Zeilen und las sie ihr vor – es gab nichts anderes zu tun. Sie war so nett gewesen, mir Geschichten zu erzählen, obwohl sie sie wahrscheinlich erzählte, weil es sie amüsierte. Als ich mit dem Lesen fertig war, sagte sie, der Vers sei überhaupt nicht verdorben. Sie selbst würde sagen, er sei noch nicht ganz reif.

„Das ist der *Vers*", sagte meine Freundin Annabel Lee. „Was die Bedeutung der Worte darin betrifft, so verrät sie vieles. Am deutlichsten verrät sie Ihr Alter. Sie zeigt, dass Sie die Zeit von neunzehn Jahren hinter sich gelassen haben und genau einundzwanzig Jahre alt sind. Und deshalb ist es ein triumphales Stück Vers."

„Weißt du nicht", sagte meine Freundin Annabel Lee, „wie viele Verse auf die Welt losgelassen werden, die überhaupt *nichts bedeuten* ? Und wenn man dann doch auf ein Stück davon stößt, das auch nur das Geringste verrät, wie die Größe des Autors oder die Farbe seines Haares, dann fühlt man sich belohnt."

„Und deine Verse erzählen noch andere Dinge", sagte meine Freundin Annabel Lee. „Eines davon ist, dass du immer noch, wie wir schon einmal vereinbart haben, an das denkst, was sich dir eines Tages auf wundersame Weise eröffnen wird."

„Dem war ich nicht einverstanden, wissen Sie", sagte ich.

„Nun, dann habe ich es für uns beide akzeptiert", sagte meine Freundin Annabel Lee. „Und Ihre Verse verraten das so deutlich, dass man das Gefühl bekommt, es gebe Menschen, die mit jedem Stück Dunkelheit, das sie trifft, hoffnungsvoller werden. Wenn Ihr Leben nur aus Feuer und Sonnenschein bestünde, würden Sie ganz andere Verse schreiben. Und wenn sie überhaupt etwas aussagen würden, dann, dass Sie zwar auf noch mehr Feuer und Sonnenschein hoffen, aber irgendwie wissen, dass Sie in Wirklichkeit nicht mehr haben werden, sondern dass es im Laufe der Jahre immer weniger wird, und wenn Sie eine alte Dame sind und noch lange nicht bereit sind zu sterben, wird es ganz versiegen."

„Das wäre das Gesetz der Entschädigung", sagte ich. „Und es würde eine Menge Feuer und Sonnenschein in ihrem frühen Leben erfordern, um jemanden zu entschädigen, der zu einer alten Dame herangewachsen ist und dessen Energie erschöpft ist."

„Das stimmt", sagte meine Freundin Annabel Lee. „Wenn Sie alt werden – obwohl Sie nie das sein werden, was man eine alte Dame nennt – werden Sie ganz ruhig sein. Und je weniger Sie ruhig sein müssen, desto ruhiger werden Sie wahrscheinlich sein."

„So möchte ich nicht sein", sagte ich. „Ich finde, diese Art Mensch ist bemitleidenswert, wenn er Jahr für Jahr lebt."

„Du wirst nicht bemitleidenswert sein", sagte meine Freundin Annabel Lee. „Du kannst nicht gleichzeitig gelassen und bemitleidenswert sein. Es mag sein, dass gelassen zu sein das Beste und Bequemste ist. Es mag sein, dass Menschen sich durch ein langes Leben kämpfen und dabei nur ein Ziel im Kopf haben – im Alter gelassen zu sein. Dieser Vers klingt auf jeden Fall so, als ob *Sie* sich darauf gefreut hätten."

„Ich kann überhaupt nicht erkennen, dass es so klingt", sagte ich.

„Natürlich kannst du das nicht", sagte meine Freundin Annabel Lee. „Du hast den Vers geschrieben, und du bist nur du."

„Und was verrät es sonst noch?", fragte ich.

„Es verrät", sagte meine Freundin Annabel Lee, „dass Sie im Detail besser sind als im Großen und Ganzen. Und wenn das in einer Sache auf Sie zutrifft, dann trifft es auch in allem auf Sie zu. Ich vermute, dass Ihre Freunde Dinge an Ihnen finden, die ihnen sehr gefallen, aber Sie im Großen und Ganzen betrachten sie als etwas, das noch viel zu gewinnen hat."

„Nicht meine *Freunde* ?", sagte ich.

„Ja, deine *Freunde* ", sagte meine Freundin Annabel Lee.

„Das ist eine bittere Sache, die ein Vers ausdrückt", antwortete ich, „und eine bittere Sache, die ich im Kopf habe."

„Und sind Sie nicht klug genug, die bitteren Dinge den süßen Dingen vorzuziehen?", sagte meine Freundin Annabel Lee. „Für alles Süße, das Sie im Sinn haben, müssen Sie einen sehr bitteren Preis bezahlen. Die bitteren Dinge hingegen sind wertvolle Besitztümer. Und wenn das auf Ihre Freunde zutrifft, möchten Sie es natürlich wissen."

„Nein", sagte ich, „das möchte ich nicht wissen."

„Aber glauben Sie wenigstens, was ich Ihnen darüber erzählt habe", sagte meine Freundin Annabel Lee, und ihre Stimme wurde auf wunderbare Weise sanfter und aufrichtiger, „denn in diesem Fall haben Sie und ich diese große Gabe – ein Band der Sympathie. Wenn ich Freunde dieser Art hätte, würden sie mich ganz sicher als etwas betrachten, das es zu gewinnen gibt. Aber", sagte meine Freundin Annabel Lee hastig, „halten Sie das Band der Sympathie nicht für eine süße Sache – denken Sie an den sehr bitteren Preis."

„Ich werde glauben, was Sie über die Freunde gesagt haben", sagte ich – „und es ist bitter genug, um meine Seele eine Zeit lang zu reinigen. Das Band der Sympathie ist ohnehin keine süße Sache. Ich erwarte nicht, dafür bezahlen zu müssen – Und es bringt ein Gefühl der Ruhe. –"

„Eine Sympathiebindung", sagte meine Freundin Annabel Lee, „ist bereits bezahlt. Es tut sehr gut. Es ist nicht süß – es schmeckt eher wie eine Zigarette oder eine Olive."

„Über den Vers", sagte meine Freundin Annabel Lee.

„Lass uns bitte nicht mehr darüber reden", sagte ich.

„Wie du willst", sagte meine Freundin Annabel Lee.

Und wir sprachen über George Sand und ihre Bücher.

Aber das war jedenfalls mein unreifer Vers:

Gestern versank mein Stern in den tiefen Schatten.
Er verschwand sanft
wie das Plätschern des Wassers.
Und viele kleine, liebe Dinge verschwanden mit ihm, und ich beobachtete sie:
Ich wusste, dass mein Stern nie wieder aufgehen würde.

Gestern verschwand mein Stern in den tiefen Schatten.
Er verschwand sanft
wie das Halbdunkel des Abends,
und als er verschwand, verfolgten ihn meine verzweifelten Gedanken ohne Hoffnung:
Ich wusste, dass mein Stern nie wieder aufgehen würde.

Gestern verschwand mein Stern in den tiefen Schatten.
Er ging zärtlich dahin,
wie mein Freund, der mich liebt;
doch seit er fort ist, ist der Weg dunkel – meine beiden Augen sind des

Schauens müde:
Ich weiß, dass mein Stern nie wieder aufgehen wird.

XXII
DIE BOTSCHAFT EINER ZÄRTLICHEN SEELE

„ Die Botschaft einer zarten Seele“, sagte meine Freundin Annabel Lee, „ist eine Sache, die weit geht, oh, so weit, und nichts von sich verliert.“

„Wenn man alle Dinge der Welt zählt, sind die schönen Dinge in der größten Zahl vorhanden. Und wenn man alle Dinge der Welt zählt, zählt die Botschaft einer zarten Seele weit mehr als viele.

„Eine zarte Seele erhält für ihre Botschaft keine Dankbarkeit zurück, erwartet keine Dankbarkeit und weiß nicht, was Dankbarkeit bedeutet. Und die Zärtlichkeit der Botschaft ist völlig unerklärlich und völlig unbekannt, wird aber viele, viele Jahre lang gespürt.

„Die Botschaft einer zarten Seele geht über das Meer in die Einsamkeit der Nacht und nichts hält sie auf dem Weg auf, denn alle wissen, was es ist, und wünschen ihr viel Glück. Und sie geht hinunter und um einen Berg herum zu einem Haus, in dem es Kummer gibt, und wenn dieses Haus vor seiner Ankunft Nächstenliebe und Liebe und Freundschaft und guten Willen und Frieden abgewiesen und einen Fluch hinter ihnen allen hergeschickt hatte, öffnet es dennoch seine Türen weit für die Botschaft einer zarten Seele. Denn ihr Kommen wird nicht angekündigt, und die Seele, die sie sendet, kennt nicht einmal ihre Zärtlichkeit, und die Herzen aller in diesem Haus, in dem es Kummer gibt – sie werden zutiefst, unwissentlich getröstet. Und sie geht durch die Öde einer Landschaft, in der nicht ein einziges grünes Ding wächst, und die Öde ist dann mehr als das Paradies, hätte das Paradies keine solche Botschaft. Und es geht dorthin, wo liebliche Blumen zu Tausenden wachsen, wo glitzerndes Wasser sich mit glitzerndem Wasser vermischt und den Durst löscht, wo das lange graue Moos von den Birken hängt, wo blasse Wolken schweben – und es selbst ist schöner als all dies. Haben Sie all diese zarten Dinge gespürt, die in die Tiefe gehen? Sie bringen Trost, aber sie bringen auch Tränen in die Augen und Schmerz ins Herz. Die Botschaft einer zarten Seele – was bringt sie außer unbeschreiblichem Trost für das Herz? Sie spüren nicht, dass es eine Botschaft ist, Sie spüren nicht, dass es etwas göttlich Schönes ist. Es gibt keine plötzlichen salzigen Tränen. Nur die Botschaft ist da – nur sie tut das, wofür sie gesandt wurde. Sind Sie hinausgegangen und haben all die Arbeit getan, die Sie tun konnten, und haben Sie sie treu getan und keine Belohnung verlangt – und sind Sie zurückgekommen und haben in Bitterkeit des Geistes geweint? Dann kamen vielleicht wundersam schöne Dinge von der anderen Seite des Weges, um Ihnen zu sagen: Fassen Sie Mut. Aber es gab kein „Fassen Sie Mut“ für Sie. Dann kam vielleicht von dort, wo Sie nicht hingesehen haben, die Botschaft einer zarten Seele. Dann gab es Trost, und zwar ohne Tränen des Schmerzes und ohne bittere, bittere Tränen der Freude. Es war tiefer Trost, sodass Sie wieder hinausgehen und arbeiten konnten, und zwar ohne Belohnung. Es gibt Arbeit, die keine Belohnung bringt. Für diejenigen, die ohne Belohnung arbeiten, kann es in all der Weite keinen Trost geben, außer der Botschaft einer zarten Seele. Sind Sie hinausgegangen und haben auf grausame Weise all das Böse getan, was Sie tun konnten, und jemandem das Vertrauen in jemanden genommen – und sind zurückgekommen und haben mehr gelitten als alle anderen? Dann kam vielleicht die Botschaft einer zarten Seele – und viele, viele andere Dinge verschwanden aus Ihrem Herzen. Und trotzdem gab es keine Tränen. Und wenn Ihnen das Leben zu viel wird, und wenn die unzähligen Dinge in der Nähe und in der Ferne der Welt Sie bedrängen und Sie mit schrecklicher Angst erfüllen, dann treten sie, wenn die Botschaft einer zarten Seele kommt, eines nach dem anderen zurück, und in Ihrem Herzen ist Trost für die langen, langen Jahre.

„Es gab Menschen, die mehr Glück hatten als die Welt, aber am Ende gab es keinen Trost, denn ihr Glück brachte Tränen der Freude und Rührung mit sich, die keine Grenzen hatten.

„Wenn Sie sich nach Glück gesehnt haben und gehungert und gedürstet haben, waren Sie, nachdem die Botschaft einer zarten Seele kam, mit einem Zweig einer grünen Kiefer zufrieden.

„Wenn Sie tausend zärtliche Dinge gefühlt und aus tausend Bechern getrunken haben und dann im Begriff waren, mit schwarzer Schrift aufzuschreiben, dass alles, *alles* Sie im Stich gelassen hat – wenn dann die Botschaft einer zärtlichen Seele kam, haben Sie stattdessen geschrieben, dass nichts Sie im Stich gelassen hat, und Sie sind umgekehrt und haben alles noch einmal versucht.

„Wenn heute für Sie und mich die Botschaft einer zarten Seele über gefrorene Hügel und grüne Wiesen aus einem fernen Land kommen sollte, sollten wir dann bei Dunkelheit zittern und das Kommen der Jahre fürchten und darüber nachdenken, was uns ermüden und was uns Ruhe bringen würde, und sollten wir abwägen und nachdenken? Aber nein. Denn die Botschaft einer zarten Seele ist die Botschaft von jemandem, der Ruhe gefunden hat und vollkommenen Frieden verspürt und so weit zu den Sternen und so weit und breit über die grüne Erde gereist ist, dass er tatsächlich die Wahrheit erreicht hat, und seine Seele gibt seine Zärtlichkeit ohne nachzudenken und ohne zu wissen und alles im Dunkeln preis.

„Und wenn wir die Botschaft spüren würden, ganz ohne es zu wissen, würden dieser alte Glaube und diese Fülle des Lebens und dieses Gefühl der Echtheit wiederkehren, und das Leuchten der Sonne würde eine neue Bedeutung bekommen.

„Es kann sein“, sagte meine Freundin Annabel Lee, „dass wir noch tiefer in die Wildnis vordringen müssen, bevor die Botschaft kommt, und es kann auch sein, dass sie noch viele Jahre auf sich warten lässt.

„Aber es ist in jeder Hinsicht beruhigend zu wissen, dass es so etwas gibt.“

Mehr als ich über die Nachricht nachdachte, die kommen könnte, dachte ich über die Stimme nach, die nicht hart, sondern sanft war, und über das lilienartige Gesicht meiner Freundin Annabel Lee.

XXIII
ICH AN MEINE FREUNDIN ANNABEL LEE

Ich habe vorgestern diesen Brief an meine Freundin Annabel Lee GESCHRIEBEN:

Montréal. ——

Liebe Fair Lady:

Seitdem ich für eine Weile nach Montreal gekommen bin und du noch immer in Boston bist, habe ich dich manchmal noch lebhafter gesehen als damals, als ich dort war. Du tauchst mitten in der Nacht in meinen Träumen auf.

Kannst du dir vorstellen, was du in meinen Träumen bist?

Ich sehe dem Ende meiner Zeit hier mit Ungeduld entgegen, damit ich Dich wiederfinden kann; doch meine Ungeduld lässt etwas nach, wenn ich daran denke, dass diese Vision aus meinen Träumen verschwinden könnte, wenn ich bei Dir bin.——

Ich werde Ihnen über einige der Dinge schreiben, die ich hier gefunden habe.

Es gibt vieles in Montreal, das mich in die trüben Nebel zurückversetzt – in die wundervollen Tage, als ich erst drei Jahre gelebt hatte. Es war nicht hier, sondern weiter westlich – aber was in Kanada ist, ist kanadisch und ändert sich nicht. Dieses kanadische Land, Wasser und diese kanadische Luft erwecken Schatten in meiner Erinnerung und Visionen und Stimmen der Welt, wie sie war, als ich drei war.

Es ist alles überaus schön hier anzuschauen. Die Felder sind grün, nicht wie in Massachusetts, sondern wie im Süden Frankreichs. Von weitem sieht man einen schönen, breiten, blauen Fluss, der einen Dunst aussendet, und dann ist alles graues französisches Land und graue französische Dörfer. Wenn man näher kommt, sieht man die französischen Bauern auf den Feldern arbeiten – alte Männer und Mädchen und sehr alte, seltsam aussehende Frauen, alle ohne ein englisches Wort im Mund und ohne Englisch in ihrem Leben, wenn sie es vermeiden können. Sie tragen Messingringe an Händen und Ohren, und die Frauen tragen bunte Fischfrauenunterröcke, und in ihren Gesichtern und Augen liegt der Ausdruck, den man bekommt, wenn man ständig in der Sonne zwischen Gemüse arbeitet, der Ausdruck eines erbärmlichen, nutzlosen Gehirns.

Und da ist der seltsame, lange, baumbestandene Hügel, den sie Mount Royal nennen. Ich habe ein Bild davon in einem vergangenen Jahrhundert im Kopf, als ein abenteuerlustiger, tapferer Franzose und ein paar wilde Indianer hoch oben auf seinem Gipfel standen – er mit der im Wind entrollten französischen Flagge und die Indianer beschatteten ihre Augen und blickten ins Tal hinunter. Und es gab kein einziges Zeichen menschlichen Lebens im Tal, und alles war wildes Gewächs und verworrenes Unterholz und totenstille, außer vielleicht dem fernen Geräusch fliegender wilder Hufe im Wald. Und jetzt ist dieser Hügel die Herberge vieler Dinge, die zwischen den Bäumen verborgen sind – Klöster, die mit hohen, dicken, soliden Steinmauern umgeben sind, und innerhalb der Mauern leben in schwere Mäntel gehüllte Nonnen, die sich von allem Äußeren verabschiedet haben. Und es gibt Krankenhäuser, die im Namen der Jungfrau Maria gegründet und gestiftet wurden, und Jesuitenkollegs und die Logen von Priestern und Bruderschaften.

Und mitten im St.-Lorenz-Tal, wo die Indianer hinabblickten, liegt diese alte Stadt aus grauem Stein, und auf dem Place d'Armes steht eine schöne, triumphale Statue von Maisonneuve mit seiner französischen Flagge.

In dieser aus grauem Stein erbauten Stadt wimmelt es von Kathedralen aus grauem Stein. Einige davon sind sehr schön, andere haben innen so viele Farben wie Regenbögen. Sie alle sind römisch-katholisch und französisch.

Die protestantischen Kirchen sind nur Kirchen.

Und wenn die untergehende Sonne ihre großen, hohen, grauen Zwillingstürme rot färbt, ist die Kathedrale Notre Dame noch mehr als französisch und römisch-katholisch. Die weißgesichtigen Frauen im Nonnenkloster daneben müssen ein Abbild dieser ewigen Türme in ihre engen, frommen Herzen eingraviert haben. Innen ist Notre Dame mit leuchtend bunten Heiligen und Jungfrauen und einer Leidenschaft für Reichtum und Romanismus überaus prächtig.

Und ist es nicht wunderbar, wenn man bedenkt, dass viele dieser grauen Steingebäude und -wohnungen im 17. Jahrhundert hier standen und dass graue Nonnen vor zwei Jahrhunderten in diesen gleichen grünen Gärten wandelten? Und dass es hier ungefähr dieselbe Landschaft und dasselbe blaue Wasser gab.

Und wenn man alles sagt, das Land und das blaue Wasser waren schon immer hier und sind das Wunderbarste von allem. Wären die grauen Steingebäude aus Gelbgold und aus Smaragden und Brillanten, wäre das grüne Land nicht schöner und nicht weniger herrlich schön, und das Blau des Wassers würde nicht tiefer ins Herz eindringen und nicht weniger tief, und die blassen Wolken würden hoch und sanft schweben mit demselben altmodischen Mysterium. Und die Jahrhunderte, die sie kennen, sind zahllos.

Die Natur ist in Massachusetts dieselbe – aber hier scheint sie irgendwie noch älter zu sein. Man spürt den Atem der Vergangenheit inmitten der wilden grünen Natur – als wären nur Menschen gekommen und gegangen, aber nie hätte sich der kleinste Zweig oder Grashalm verändert. Es scheint, als würde es nur warten, und seine Geduld beim Warten ist endlos.

Auf der anderen Seite des baumbedeckten Berges sah ich eine flache, sanft geschwungene Landstraße, auf der die Sonne schien und ein paar kleine englische Spatzen landeten, entlangflogen und Körner pickten. Und das Gras am Straßenrand war hoch und üppig und angenehm für die Sinne, und die Straße führte zu Bauernhöfen und dem Fluss und dem Urwald. Kühe weideten an einem seichten Bach, und in der Nähe gab es dicke, dunkle Sumachbüsche.

Als mein Blick mehrere Minuten lang darauf ruhte, war ich mit dem ganzen Leben vollkommen zufrieden.

Während ich dir das erzähle, Annabel Lee, bin ich mir nicht ganz sicher, ob du zuhörst – und ich persönlich sehe *dich* viel mehr als alles, worüber ich gesprochen habe. Ich frage mich, wie es möglich ist, dass du nur vierzehn Jahre gelebt hast – sogar die vierzehn Jahre einer Japanerin. Und ich sehe wieder in Gedanken – deine roten Lippen und dein rabenschwarzes Haar und deine violetten Augen und deine wundervollen Hände und deine Stirn mit der Witwenspitze und die beiden kurzen, sich wölbenden Seitenlocken und deine Schlankheit in dem scharlachroten und goldbestickten Kleid.

Und am meisten sehe ich Deine Augen, wenn sie voller sanfter, violetter Schatten sind, und Deine Lippen, wenn sie zart sind – und Dein Herz, wie ich es zuvor gesehen habe, und seine Tiefen, die von weißer Reinheit sind.

Letzte Nacht sah ich dich mit weit aufgerissenen violetten Augen, wie du mit noch immer weißen Lidern auf mich herabschautest. Und ich war entsetzt über den Ausdruck der Weltmüdigkeit in ihnen – wie schrecklich sie ist, wie sie einem in die Dunkelheit und ins Licht folgt, wie sie Kummer und Wut und Wahnsinn ist, wie sie das Herz schmerzen lässt, bis alle Lebensnerven schmerzen – und es gibt kein Ende; wie es Leben und Tod ist, und man kann nicht entkommen! – eine Welt voller Tränen und Flehen und Gelübde; aber nein, es gibt kein Entkommen.

Und dann sah ich wieder auf in deine violetten Augen, die voll starker, hoher Verachtung und Triumph auf mich herabblickten. „Denkst du, wir haben das Leben nicht besiegt?“, sagten sie. „Denkst du, wir können nicht alle kleinen Dämonen vernichten, die sich anmaßen, uns zu quälen? Denkst du, wir können nicht *alles besiegen* ? Wen gibt es, den wir nicht gekannt haben? Wo gibt es, wo wir nicht gewesen sind? Gibt es noch stille, stille Schatten, vor denen wir uns schon einmal gefürchtet haben? Gibt es noch strahlende Lichter am Himmel, denen wir nicht mutig entgegengetreten und die wir nicht beiseite geschoben haben? Und die Steine und die Sterne und der Nebel auf dem Meer sind weniger – weniger als wir, – *wir* sind das Größte von allen.“

So waren deine beiden Augen, als ich schlief, und als ich aufwachte, sah ich dich wieder, wie du so oft ausgesehen hast – der Ausdruck deiner roten Lippen, deine Stimme voller unbestimmter Bitterkeit und dein unergründliches Liliengesicht.

Ich werde dich noch oft wiedersehen, meine Freundin Annabel Lee.—

Tatsache ist, dass ich in Montreal und Kanada bin. Und im Laufe der Tage wird mir wieder bewusst, dass ich noch die alten kanadischen Instinkte in mir habe. Das Wort „kanadisch“ hat in meinem Kopf immer eine wirre Ansammlung von Dingen ins Gedächtnis gerufen, wie zum Beispiel Haferbrei zum Tee und Sir Hugh MacDonald und Dominion Day und meine Tante Elizabeth MacLane und altmodische Bilder Ihrer Majestät der Königin und Orangemen's Day und „Gute Nacht“ statt „Guten Abend“ und „Baumwollrolle“ statt Garnrolle und „Zinn“ statt Dose und kanadischen Käse und *Rohbeeren* in einem Lackeimer und das Queen's Own in Toronto und Soldaten in roten Mänteln und Kinder in schottischen Kilts und Marmeladentörtchen und Gerstenzucker und Weißfisch aus dem Lake Winnipeg und die C.P.R. und das Parlament in Ottawa und Schlittenfahren und Lord Aberdeen und alles-kommt-aus-England-rüber-und-ist-so-viel-besser-und-billiger-als-amerikanische-Ware und all diese Dinge. Und für mich hatte Kanada schon immer eine bestimmte Farbe im Sinn: eine Mischung aus Dunkelgrün und Goldbraun.

Sogar in Montreal, wo so viel Französisch ist, gibt es genug, um es zweifellos als kanadisch zu kennzeichnen. Man sieht immer noch Zeichen Ihrer Majestät, der Königin – aber Ladenbesitzer versichern voller Überzeugung, dass „Edward ein guter König sein wird“, und kanadische Männer sind so nah wie möglich an seinem Muster geschminkt, kräftig und mit diesem kurzen Spitzbart.

Im Grün des Dominion Square steht die schönste Skulptur, die ich je gesehen habe. Alle Statuen, die in Montreal herumstehen, sind schöner als die meisten ihrer Art, und es gibt keine so abscheulichen Schöpfungen wie in Boston und New York. Die Statue am Dominion Square ist eine Bronzefigur von Sir John A. MacDonald. Das Gesicht der Figur ist durch und durch heiter und gütig, und die Linien des Körpers und der Hände sind kraftvoll und schön gestaltet. Ob sie Sir John A. MacDonald ähnelt, weiß man nicht – es reicht, dass sie ein exquisites Kunstwerk ist, mit dem man eine Stadt schmücken kann. Und die Statue von Maisonneuve ist ein schönes, ansehnliches Ding und durch und durch lebendig. Die Bronze ist keine Bronze, sondern hat rotes Blut aus dem 17. Jahrhundert in ihren Adern, und der hoch erhobene Arm und die Hand mit der Flagge stehen für Eroberung und Sieg.

Ich werde Quebec und die Länge des blauen Flusses sehen, bevor ich Sie wiedersehe, und sie werden, wie Montreal, von einer vielfarbigen Vorfreude auf das Wiedersehen mit Ihnen durchzogen sein.

Hoch oben auf dem Turm eines Gebäudes aus grauem Stein, das ich von meinem Fenster aus sehe, befindet sich ein geschnitzter Gorgonenkopf, ein Abbild der Medusa mit schlangenartigen Locken. Sie ist Hunderte von Metern über mir, während ich hier sitze, aber ich sehe ihren Gesichtsausdruck deutlich – er ist trostlos und entmutigend. Er sagt: Glaubst du, du wirst diese schöne Lilie Annabel Lee wiedersehen? Nun, wie töricht bist du in deiner Zeit und Generation! Ich habe in meinen Jahren das Vergehen vieler schöner Lilien gesehen. Sie vergehen immer.—

Sag mir, Annabel Lee, kommen sie immer vorbei? Aber nein, ich werde dich wiederfinden. Du wirst alles tausendtausend goldene Tage lang bunt färben. Und sind wir nicht in unserer Art und Weise gute Freunde? Und gehen wir nicht gemeinsam den Fußweg?

Aber ich frage mich immer, warum die Gorgone so furchtbar wissend scheint.—

Immer meine Liebe für dich.

ICH BIN MARY MACLANE.

XXIV
MEINE FREUNDIN ANNABEL LEE FÜR MICH

Und nach einigen Tagen schrieb mir meine Freundin Annabel Lee Folgendes auf ein Stück Reispapier:

Boston, – Montag.

Liebe Mary MacLane, ist Ihnen nicht klar, dass eine Gorgone das wissendste Wesen auf der Welt ist?

Sie können glauben, was Ihr Freund über schöne Lilien sagt.

Aber habe ich jemals gesagt, dass ich eine schöne Lilie bin?

Was meine Augen betrifft – sie sind vor allem zum Sehen gut. Und sie sind für viele Dinge schlecht.

Ja, komm bald nach Hause, Kind.

Ich vermisse dich, wenn ich morgens zu dir komme, um mich mit meinem lavendelfarbenen Unterkleid und meinem scharlachroten Kleid zu schmücken. Und die goldenen Margeriten wurden nicht geputzt, seit du weggegangen bist.

Ich habe niemanden, der mir Gesellschaft leisten kann, außer Ellen, dem treuen kleinen braunen Reh – und sie kann mir nicht dienen, und sie kann mich nicht anbeten.

Was ist mit der Katze Martha Goneril passiert?

Mir wäre es lieber, Sie hätten sie hier gelassen.

Aber Mary MacLane – *Sie* … Wissen Sie davon?

DEINE FREUNDIN ANNABEL LEE.

XXV
DIE GOLDENE WELLUNG

Meine Freundin Annabel Lee und ich sind uns in einigen Punkten ähnlich. Täglich betrachten wir gemeinsam eine große, kahle Mauer aus matten, blauen Steinen. Sie steht vor uns und wir können nicht darüber hinweg, denn sie ist zu hoch; wir können auch nicht um sie herumgehen, denn sie ist zu lang; und wir können nicht hindurchgehen, denn sie ist massiv und sehr dick. Sie liegt direkt auf der anderen Straßenseite. Wir haben beide nur ein kurzes Stück der Straße zurückgelegt – so kurz, dass wir leicht auf unseren Weg zurückblicken können bis zu dem Punkt, an dem wir begonnen haben. Von dort aus sind wir nicht zusammen gegangen, aber jetzt treffen wir uns vor der großen, kahlen Mauer aus blauen Steinen.

„Wir haben hier angehalten, denn wir können nicht weiter."

Ich wundere mich über die Mauer und stelle viele Vermutungen an, und meine Freundin Annabel Lee betrachtet sie manchmal mit Interesse und manchmal ohne Interesse.

Und manchmal vergessen wir die Mauer völlig und sitzen einfach nur da und ruhen uns in ihrem Schatten aus, oder wir gehen auf der Straße zurück oder durch das Gras drumherum, oder wir pflücken ein paar süße wilde Beeren aus dem verkrüppelten Dorngestrüpp am Wegesrand.

Und wenn ein Gewitter aufkommt und die Luft voller Wind und Regen ist, der um uns herum peitscht und pfeift, kauern wir dicht an den Fuß der Mauer und werden nicht so nass, wie wir es wären, wenn da keine Mauer wäre.

Dies gilt jedoch nur, wenn der Wind von außerhalb kommt.

Wenn der Wind mit seinen Regenfluten auf uns zukommt, während wir an der Mauer kauern, werden wir geschlagen und durchnässt und hart gegen diese kalte, blaue Oberfläche geschleudert. Und die zerklüfteten Kanten der Felsen hinterlassen blaue Flecken auf unserer Stirn.

An manchen Tagen werden wir des Anblicks dieser großen, leeren Wand überdrüssig – und das, weil wir sie schon viele, viele Tage lang angeschaut haben.

„Es ist so hoch und so dick", sage ich.

„Es ist so lang", sagt meine Freundin Annabel Lee.

Allem Anschein nach sind wir so weit auf der Straße gegangen, wie wir nur können. Wir können die Mauer aus blauen Steinen nicht überwinden – und wir können nicht darum herumgehen – und wir können nicht hindurch. Nichts deutet darauf hin, dass sie jemals entfernt wird.

Der Spielraum für Vermutungen darüber, was auf der anderen Straßenseite liegt, ist so groß, dass wir uns nicht an Vermutungen wagen.

Aber über die Mauer selbst haben wir oft und aufgeregt geredet.

„Vielleicht“, sage ich, „liegt es daran, dass die Mauer hier vor unseren Augen errichtet wurde, um unsere Grenzen vor uns zu verbergen.“

„Vielleicht“, sagt meine Freundin Annabel Lee, „liegt es daran, dass die Mauer selbst unsere Begrenzung darstellt.“

Und wenn das stimmt, ist das sehr verwerflich.

Denn obwohl die Menschen göttliche Taten vollbracht haben, sind sie nie über ihre Grenzen hinausgegangen.

Das Blau der Steine in der Wand ist kein Dunkelblau, sondern sehr kalt. Es ist die Farbe, die man Steinblau nennt.

Es ändert sich nie.

Sonne und Schatten sehen auf ihm gleich aus, und weder der nasse Regen erhellt ihn, noch trüben dicke Staubwolken ihn.

Es ist steinblau.

Außer diesem:

Einmal in einer Reihe von Tagen, bei schönem oder schlechtem Wetter, wird sich in der weiten Leere ein Kräuseln wie Gold ausbreiten.

Es verweilt eine Sekunde und verschwindet – und erscheint wieder. Und dann ist es weg, bis zum nächsten Mal.

Wie zart, wie lieblich, wie hell ist die goldene Kräuselung im kalten, kalten Blau!

Es ist in einer Minute gekommen und gegangen.

Wir wissen nicht, ob es kommt oder geht.

Aber während wir es sehen, schlägt unser Herz laut und schnell.

„Vielleicht“, sage ich, als es vorbei ist, „zeigt uns diese goldene Welle einen Weg, hinter die Mauer zu gelangen, wo alles göttlich ist.“

„Es kann sein“, sagt meine Freundin Annabel Lee, „dass uns die goldene Welle unter den wenigen Dingen auf dieser Seite der Mauer etwas Göttliches zeigt.“

Meine Freundin Annabel Lee – mit deinem starken, tapferen kleinen Herzen und deinen beiden starken kleinen Händen warst du in meinen schweren, bitteren Tagen bei mir. Du warst tapfer genug für zwei. An dich werde ich in den kommenden Jahren eine Botschaft aus der Stille und über gefrorene Hügel senden.

DAS ENDE

9 789359 943176

Printed at Repro India Ltd.